国医华章

——中国中医科学院第一至五批全国老中医药专家图集

主　　编　黄璐琦
执行主编　马　堃

中医古籍出版社

编纂工作指导委员会

编纂委员会

主　　编　黄璐琦

执行主编　马　堃

副 主 编　李宗友　冯鹏翔　曹京明　胡镜清　刘　焉

　　　　　常　暖　李　鲲　罗增刚

委　　员（按姓氏笔画为序）

　　　　　万　芳　马晓彤　王　忠　毛超一　刘　静

　　　　　李　浩　宋　军　张丽霞　杨洪军　姚魁武

　　　　　赵丽君　荣培晶　都占陶　韩　锋

序

中医师承教育是和中医学的传承发展同步的。早在3000年前，中医经典《黄帝内经》就以黄帝向岐伯等请教问答的方式来演绎中医理论与实践。在中医事业和中医学术的发展史上，中医师承教育是中医延续和创新的主要模式，在数千年薪火相传的过程中，形成了独具特色的培育中医人才的自己的路，依靠父传子受、师授徒承、私淑遥授等方式，使得中医药学代有传人，发扬光大，辐射四海。而一代又一代的老中医药专家学者甘当铺路石子，承当历史重任，扮演着重要的角色。正可谓林断山更续，洲尽江复开，申传承大业，望岐黄振兴。

继承人通过师承教育提高的不仅是医疗技能，更有老中医药专家对世事的体悟与业医理念，如人文底蕴和医德医风，这是与国学——传统的哲学、史学、易学、天文历法、律吕术数、诗词歌赋等功底作为基础的深厚积淀相关的学问。老中医药专家也通过潜移默化的熏陶，来激励继承人的“悟性”，如此耳濡目染，不断地提高后世医家的人文底蕴，并且逐步形成医家崇高的风范。一代又一代的中医后起之秀便在一代又一代老中医药专家的悉心培养下成长起来。

新中国成立后，党和政府都十分重视中医药事业的发展，历届国家领导人均对中医药学的发展提出过建设性的指导意见。老中医药专家的作用也随着中医药事业的复兴而日渐凸显起来。1990年，人事部、卫生部、国家中医药管理局联合颁布《关于采取紧急措施做好老中医药专家学术经验继承工作的决定》，首次从国家层面将老中医药专家的学术经验继承保护通过部门规章的形式确定下来，我院也以抢救年事已高的老中医药专家的学术经验和技术专长为目的开展了第一批全国老中医药专家学术经验继承工作，取得了对老中医药专家学术经验的抢救、整理的预期效果，同时相当比例的继承人成长为学科带头人和名中医；1991年7月25日，国家中医药管理局出台《老中医药专家学术经验继承工作管理考核暂行办法》，将老中医药专家的学术传承工作制度化；1997年，在第一批全国老中医药专家学术经验继承工作的基础上，以继承和研究为宗旨，我院又开展了第二批全国老中医药专家学术经验继承工作，并将工作目标调整为在继承老中医药专家学术经验的同时，侧重于培养高层次中医临床和中药技术人才，保存了一大批全国老中医药专家学术经验的宝贵财富，同时造就了一大批现代名中医；2002年，人事部、卫生部、国家中医药管理局联合发布《全国老中医药专家学术经验继承工作管理暂行规定》，明确将师承教育作为继续教育的一种形式，从此中国中医科学院全国老中医药专家学术经验继承工作向长期化、制度化、规范化方向发展。截至目前，中国中医科学院共开展了五批全国老中医药专家学术经验继承工作，总计64名老中医药专家的学术经验在中国中医科学院得到了传承和发展。

2009年4月，国务院颁布《国务院关于扶持和促进中医药事业发展的若干意见》，将包括老中医药专家学术经验继承工作在内的中医药事业的发展上升为国家战略，今年又恰逢党的十八大召开，欣闻《国医华章——中国中医科学院第1～5批全国老中医药专家图集》即将付梓，实感欣慰。此举将对系统回顾总结中国中医科学院五批全国老中医药专家学术经验继承工作的经验，探索培养新形势下中医药继续教育的模式与机制，加快中医药高层次、复合型、应用型创新人才的培养，进一步推进中医药学术研究工作，均具有重要的现实意义。作为一名从业六十年的中医药工作者倍受鼓舞，深表祝贺，冀望中医药事业更好更快发展。中国中医科学院的中青年学术骨干们以64位前辈为榜样，立志中医，继承中医，振兴中医。我愿援引王琦先生《师承论》所载，有诗云：“青竹高于老竹枝，全仗老干来扶持。明年更有新发者，十里龙孙绕凤池。”诗者以虚怀让贤之心以保岐黄之业旺盛，后学以筚路蓝缕之志勤奋治学，则国医国药必焕发生机。

当以此数语，谨以为序。

中国中医科学院名誉院长

中国工程院院士

王永炎

壬辰小雪于致远书屋

序

中医师承，源远流长，传继医技，发扬思想。
承启未来，薪火相续，悬壶济世，安民兴邦。

身正为师，学界榜样，德高为范，业内贤良。
贤以弘德，术以辅仁，淡泊名利，曲水流觞。

扶危济困，既慨且慷，知行合一，寓柔于刚。
妙手回春，针药并施，养生保健，相得益彰。

寒来暑往，秋收冬藏，传道授业，育人方长。
严谨治学，诲人不倦，桃李天下，学脉绵长。

科技创新，交融取长，振兴中医，我辈自强。
天戴其苍，地履其黄，中华精粹，环球共享。

云山苍苍，江水泱泱，历久弥新，山高水长。
大医精诚，日月同辉，纪志贤能，百世流芳！

中国中医科学院院长
中国工程院院士
张伯礼
二〇一二年十二月三十一日于北京

前　言

古往今来，中医师承教育一直是中医传统培养人才的重要形式，是一种独具特色的人才培养模式。一批批中医药专家在中医师承教育下成长起来。建国后，随着学院教育的蓬勃发展和老一辈中医药专家的日渐年高，中医药事业的传承被提上国家战略发展的日程。为了弘扬祖国优秀传统文化，提高培养中医人才质量和水平，最大限度保护和挖掘老中医药专家的学术经验，国家相继出台了《关于采取紧急措施做好老中医药专家学术经验继承工作的决定》、《老中医药专家学术经验继承工作管理考核暂行办法》、《全国老中医药专家学术经验继承工作管理暂行规定》、《传统医学师承和确有专长人员考核考试办法》等一系列政策措施，保证了老中医药专家学术经验的薪火传承。2009 年 4 月，国务院发布《关于扶持和促进中医药事业发展的若干意见》，使得老中医药专家的学术经验继承工作成为整个中华民族的国粹传承盛事。

中国中医科学院作为中医药事业发展的"国家队"，高度重视老中医药专家的学术经验继承工作，从 1990 年至今共有 64 位老中医药专家成为第一至五批全国老中医药专家学术经验继承工作指导老师，其个人操守、政治品格、科研能力、治学态度等至今仍激励着我院广大干部职工在临床、科研、教育、管理的岗位上不断前进。

在中国中医科学院传承工作会议召开之际，我们对我院 22 年来的中医师承工作进行了系统梳理和回顾，编辑出版了这本纪念图集，内容涵盖中国中医科学院全部 64 名第一至五批全国老中医药专家学术经验继承工作指导老师的个人情况、学术观点、论文论著、传承脉络。希望能够以此画册作为载体，更完整地展现专家们的学术风采，更系统地阐述专家们的传承渊源，为后人留下一笔历史财富。

由于时间仓促，编者水平有限，书中难免疏漏之处，恳请各位中医药界同仁斧正，在此一并感谢！

国家中医药管理局党组成员
中国中医科学院党委书记　王志勇

目　　录

（按首字母排序）

目录

安效先

第三、四、五批全国老中医药专家学术经验继承工作指导老师

个人简介

安效先，男，1942年11月出生，汉族，山西人。主任医师，博士生导师，传承博士后导师，中共党员。中国中医科学院学术委员会委员，儿科学术带头人。1980年毕业于中国中医研究院研究生班，获中医儿科硕士学位。从事中西医儿科临床、科研、教学工作44年，历任中国中医科学院西苑医院儿科副主任、主任。现任中华中医药学会儿科专业委员会顾问，北京中医药学会儿科专业委员会主任委员，北京中西医结合学会儿科委员会副主任委员，国家食品药品监督管理局新药审评专家，中华医学会及北京医学会医疗事故鉴定委员会委员，中医药学名词审定委员会委员，《中国药物警戒杂志》、《中医儿科杂志》编委等。

学术观点

1. 学术特色

重视小儿生理病理特点，提出小儿为少阳之体的观点。小儿初生犹如草木方萌之嫩芽，机体内部各种生理功能“阳气”及其物质基础“阴精”都处于稚嫩的状态，阴阳的平衡维持在较低水平。无论在形体上还是功能上，小儿都处于快速生长发育阶段，这种状态好似春天生机勃勃，蒸蒸日上。该观点既反映小儿脏腑“成而未全，全而未壮”的特点，又反映小儿生机蓬勃，发育迅速的一面，体现出“纯阳”和“稚阴稚阳”两种学说。

强调调理脾胃对于儿科有重要的临床意义，通过“调理脾胃以安五脏”；同时强调用药失当则能伤人，尤其小儿胃肠娇嫩，最易为药物所伤，临床应多选药力和缓、无毒或毒性小的药物，且应严格掌握剂量，中病即止，不可过剂过量。

针对小儿咳嗽变异性哮喘表现为慢性长期、刺激性干咳、咽痒等症状，符合风邪为病，“风盛则痒”的特点，认为风伏于肺，病邪入肺络留而不去，风摇钟鸣，是本病的机理所在，提出“风伏肺络”的观点。

考虑小儿外感发热以风热证多见，发病后很快表现为卫气营分甚至血分同病的证候，在治疗上发病早期就采用卫气营血同治，先安未受邪之地，使邪气不得深入，扭转病情；阴液未伤时即佐以甘寒生津、滋阴退热之品。体现了既病防变，治未病的特色。

强调要继承祖国医学的精华，临证治疗时坚持遵循中医理论遣方用药，强调以法统方，善用专方专药，同时参照中药现代药理研究成果以开拓思路，提高疗效。

2. 治学经历

19岁时考入北京中医学院中医系，在秦伯未、任应秋、陈慎吾、董建华、印会河、王永炎等全国著名老中医的言传身教下，寒窗苦读六年，博闻强记，细心研读中医药理论，不但熟记四大经典，而且背诵了大量的方剂及药赋歌诀，并养成了阅读文献资料、

写读书笔记、做读书卡的好习惯，一直坚持至今。毕业后，在山西省右玉县人民医院内科工作10年，中西医结合诊治大量患者，积累了丰富的临床经验。1978年考入首届全国中医研究生班，跟随著名中医儿科专家王伯岳先生专攻儿科。

3. 师承关系

1978年，考入中国中医研究院研究生部（现中国中医科学院研究生院），师从著名中医儿科专家王伯岳研究员。参与了王伯岳先生主编的我国现代第一部大型儿科著作《中医儿科学》编写工作。

学术成就

从事中西医儿科临床、科研、教学工作44年，对小儿高热、长期发热、咳嗽、肺炎、支气管哮喘、病毒性心肌炎、腹泻、肾炎、肾病综合征、过敏性紫癜合并肾脏损害、传染性单核细胞增多症、川崎病、抽动障碍、睡眠障碍等疾病均有较为深入的研究。完成了“热平冲剂治疗小儿外感高热的临床与实验研究”，并实现了成果转让。研制了治疗小儿支气管哮喘的院内制剂“小儿止哮平喘冲剂”。开发出治疗小儿免疫功能低下的“阳春白雪散”。开展了小儿微量元素缺乏的临床研究，研制出“复儿康”颗粒剂治疗小儿锌缺乏症。

1. 论文论著

先后发表了《略论儿科调理脾胃的原则与方法》、《试论小儿为少阳之体》、《益气养阴为主治疗小儿肾病综合征50例》、《小儿肺炎从瘀论治》、《中医药治疗小儿传染性单核细胞增多症临床研究》等四十余篇论文。主编并参与编写了《中医儿科学》、《中西医结合儿科手册》、《国家基本药物临床用药指南》和《中医循证临床实践指南·小儿肺炎中医临床实践指南》等十余部论著。

2. 获奖情况

“清肺液治疗小儿肺炎的临床实验研究”、“腹痛灵治疗小儿肠绞痛的临床与实验研究”获中国中医研究院科技进步奖三等奖；“清肺液治疗小儿肺炎的临床实验研究”获卫生部孙氏医学基金三等奖。

3. 学生培养情况

先后培养学术继承人7名，中医传承博士1名，中医传承硕士1名，中医临床硕士3名。

传承脉络

王伯岳→安效先→
- 学术继承人：冀晓华、彭征屏、潘　璐、柏燕军、刘　昆、韦建国、杭　敏
- 临床研究生：潘　璐、王道涵、柏燕军、张　丽

供稿人：潘　璐

西苑医院

步玉如

第一批全国老中医药专家学术经验继承工作指导老师

个人简介

步玉如（1919～1994年），男，汉族，北京市人。主任医师，研究生导师，中共党员。享受国务院政府特殊津贴。中国中医研究院学术委员会委员，中国中医研究院学位委员会委员，北京中医药大学名誉教授，山西中医学院名誉教授。1940年毕业于北京国医学院医科，1955年调入中医研究院西苑医院，从事中医内科特别是脾胃病临床科研教学工作五十余年。中华全国中医学会内科学会常委、脾胃病专业委员会顾问，北京市海淀区人大代表等。

学术观点

1. 学术特色

精求古训，博采众长，秉承师传，勤于实践，对脾胃病的治疗有着自己独特的见解。提出“脾湿胃热是脾胃病的主要矛盾”的学术观点，创制“金佛手丸”治疗脾胃病，影响深远，沿用至今。

治脾胃独重湿热：脾湿胃热是脾胃病的主要矛盾，并对其形成机制、辨证要点和治疗方药形成了系统的认识和见解。脾湿胃热的形成主要是由脾胃的生理特点决定的，脾胃同居中焦，脾主运化，失健则生湿，胃主通降，失和则郁热，脾胃互为表里，为病则相互影响，从而形成脾湿胃热之证。

在辨证方面，主张重点辨口渴、辨舌象、辨脉象而后脉证合参，全面分析。从口渴与否及渴与饮的关系，可以判断体内湿热多少及其程度。如烦渴引饮、渴喜冷饮为胃热；不欲饮水或渴喜少量热饮为脾湿；口干而不欲饮多为脾湿兼有胃热。舌苔和舌质的变化是疾病在舌诊方面的重要表现，辨舌苔可察胃气的盛衰及湿浊的有无，观舌质以察正气之强弱，气血之盈亏。舌象变化最能反映脾胃病寒热虚实。润燥纳化的情况。舌体红瘦多阴虚有热，舌胖苔白多气虚有湿，舌红苔黄多胃热，舌淡苔白多脾湿，苔白而腻是湿浊，苔黄而腻是湿热，滑腻多痰湿，干燥为伤津，舌苔白腻兼黄为湿盛于热，舌苔黄腻兼白是热盛于湿。脉象方面，湿盛脉濡缓，热盛脉洪数，里郁脉沉小，虚证脉沉弱，气结脉多弦，痰盛脉多滑，慢性脾胃疾患，久病致虚，加之气机不畅，运化失司，脉象多见沉小缓，沉小弦，痰热较重的可见沉小滑。

脾湿胃热的治疗，常用健脾利湿、清泻胃热、清化湿热和清化痰热等四法，分别适应于脾湿证，胃热证，湿热郁阻证和痰热内扰证。健脾利湿法用于脾虚湿困之证，常以“六君子汤”化裁，意在健脾利湿，理气调中，方中含有四君、二陈之意，为扶正祛邪，标本兼顾之方，随证加减，应用甚广。湿浊碍胃或兼外湿者酌加藿香、佩兰、砂仁、白豆蔻等芳香化湿之品；湿浊困脾重证，酌加苍术、厚朴、草果等苦温燥湿之类；湿重外泛，肢重身肿，可加猪苓、泽泻、车前子、车前草，冬瓜皮等淡渗利湿之品。清泻胃热法用于邪热扰胃，胃火炽盛之候，常用“清胃散”和“泻黄散”，“清胃散”偏于治胃，“泻黄散”偏于治脾，有腑实内结者可加“调胃承气”。胃热重，则重用生石膏、知母，胃火盛重用栀子、黄连，口渴加花粉、石膏。清热化湿法最为常用，用于脾湿胃热证。脾胃病常有口干而不欲饮，恶冷喜热，舌苔多白或兼淡黄，此类证候似热非热，似寒非寒，医者往往从寒热夹杂断之，但此多属脾湿为主兼有胃热证，口干多为胃热，不欲饮多为脾湿，湿为阴邪，故亦恶冷喜热，以脾为阴土得阳始运故耳。苔白为湿象，热盛则可兼黄，但热势不重之时，也未必都黄。若误认为寒而专事热药，误认寒热夹杂而寒热杂投，病必互相影响而缠绵难愈。治疗上必须脾湿胃热两相兼顾，扶正祛邪相合，常以“六君子汤”加清胃利湿之品，选用利湿兼能清热，清热不碍脾湿之味。如冬瓜皮、北秫米等。温热之品当慎用之，如扶正不用党参而用太子参，利湿不用苍术而用冬瓜皮，均体现了“利湿而不助热，清热而不碍湿”的精神。清化痰热法用于痰火内扰，胆胃失和之证，常以“温胆汤”化裁治疗。脾湿胃热，阻碍气机，气机不利湿热更易凝痰化火，痰热内扰之证在脾胃病变之中，常易出现，因此化痰止呕、合和胆胃，调理气机，则成为调理气机的重要一法。步常用“温胆汤”治之，且常重用竹茹，必用生姜，谓无竹茹不清，无生姜不温，竹茹久用有克伐胃气之弊，配以生姜、炙甘草旨在顾护胃气。

调气机善理肝肺：脾胃为气机升降之枢纽，脾之升有赖肝之疏泄，胃之降有赖肺之肃降，因此调理脾胃升降，不能只着眼于脾胃本身，还要利用好脏腑之间的相互关系，尤其强调肝、肺对脾胃的影响。

木克土，有肝旺克脾和土虚木贼两个方面，前者以肝旺为主，治以疏肝理气，方以“柴胡疏肝散”化裁；后者以脾虚为主，常以刘草窗的“痛泻要方”健脾理气，土中泻木。木不疏土为肝气郁结，失于疏泄，致使脾运失健或胃气壅滞，治以疏肝理气，健脾和胃，常以“逍遥散”“香苏散”化裁；郁而化热，用“化肝煎”疏肝泻热。土壅木郁是因为脾胃气滞，湿热壅遏，影响到肝木的疏泄，治疗重在脾胃，兼以调肝。常用“解肝煎”，重者以“木香槟榔丸”清湿热导积滞，以通其途。

肺气的宣降与脾胃病有密切的关系，治节不行则气不得降而塞滞，津不得行则阴无以养。治疗胃气痛常用肺经药百合，重用至30克，取其入肺补肺，降胃气酌加枇杷叶、旋覆花取肺主肃降之意。

治血分当气血兼顾：认为“气病血未即病，血病气必亦伤，气血相随，治疗血分病应酌加气分药，但以血药为主”。如治疗久病入络的胃脘痛以丹参配檀香、芍药配香附，活血与行气药相配；治疗血虚证以补血药为主，配益气健脾药，黄芪配当归，四物合四君。在治疗吐血时，在止血药配旋覆花、生代赭石；治疗便血时，配合调气药，虚寒者补之以参芪，湿热者兼用清化，都体现了气血兼顾的精神。正如唐容川所谓“气为血之帅，血随之而运行，血为气守，气得之而静谧”。

补脾胃强调通补：阳气虚弱之证治疗上当遵李东垣升阳益气之法，“唯当以辛甘温之剂，补其中而升其阳”。认为温运脾阳，虚则当补，但宜通补不宜壅补，补气升阳药中酌加调气疏通之品，即所谓疏通补益之法，疏则能通，通则行补，补而受益。如治脾胃虚弱，常以“六君子汤”再加香砂荷梗等调气之品，增强脾胃运化功能，使药气四达，久而增气。切不可一味壅补，欲速不达，徒劳无益。

养胃阴兼以调气：叶天士说“纳食者胃，运化者脾，脾气升乃健，胃气降则和，太阴湿土，得阳始运，阳明燥土得阴自安，故脾喜刚燥，胃喜柔润”。叶氏深得东垣之旨又创养胃阴之法。步玉如合参李、叶之学，主张脾胃相关，养胃阴中投以醒脾气之药，深得脾能为胃行其津液之妙，而具阴阳合和之用。在用叶氏养胃阴法时，常在养阴药中加枇杷叶清肺降气，加鲜荷叶醒脾升清，加鲜苹果养脾开胃，如是则润燥互用，升降适宜，实属气阴两调之法。

2. 师承关系

师从于京城名医孔伯华。孔伯华与萧龙友、施今墨、汪逢春并称北京四大名医，早年任北京外城官医院医官，1929年被选为全国医药团体联合会临时主席，率请愿团赴南京，迫使国民党政府收回“取缔中医”的成命。后与萧龙友合办北京国医学院并任院长。

学术成就

1. 论文论著

注重实践，不尚空谈，加之诊务繁忙，著述不多，曾主编《孔伯华医集》，发表“加减应用温胆汤的体会”、“百合汤应用体会”、“脾胃病临证弊帚”等论文。

2. 获奖情况

参于研制的“胃疡灵”治疗消化性溃疡，荣获中国中医研究院科研成果奖。此药后转让日本大正制药，成为国内第一个以药品转让的有自主知识产权的中成药。

传承脉络

孔伯华→步玉如→
- 任盛元、饶旺福、袁晓军、黄坤强、李振华、刘少云
- 周乐年→李保双、纪太军

供稿人：李振华

蔡连香

第二、三、五批全国老中医药专家学术经验继承工作指导老师

个人简介

蔡连香，女，1937年10月生，汉族，浙江人。研究员，主任医师，博士生导师，中共党员。享受国务院政府特殊津贴。中国中医科学院学术委员会委员。1963年7月毕业于上海中医学院医疗系，从事中医为主、中西医结合妇科临床、科研和教学工作近50年。曾任西苑医院妇科副主任、主任。中华医学会医疗事故鉴定专家库成员，新加坡中华医学会国外专家咨询委员。

学术观点

1. 学术特色

在临床实践中，继承郑老宝贵经验，勤求古训，博采众长，将传统的中医理论和临床实践与现代医学相结合，中医为主，西为中用，中西结合，并融入现代医学的理论和检测手段。重视肝、脾、肾在妇科生理病理上的重要地位，赞同并发挥了“肾轴理论”及“胞宫的藏泻理论”。在治疗中注重补益肝肾、养血活血、健脾疏肝，主张扶正祛邪，中病即止，辨证与辨病相结合，对妇科内分泌系统有深入的研究，擅长治疗卵巢储备功能低下导致的月经量少、月经稀发、闭经、不孕不育症等，此外对妇科其他月经病、崩漏、围绝经期综合征、疾病痛经、盆腔炎、癥瘕等疾病的治疗也具有特色。

2. 治学经历

多次外出进修中西医妇科专业，在中国中医研究院（现中国中医科学院）研究生部脱产学习中医四大经典著作1年，脱产学习英语4个月。研读《内经》，成为其学术思想之源；博览历代有代表性的妇科著作，博采众家之长；研究《妇人大全良方》，重视妇人以血为本；精研《妇人规》，窥见张景岳注重肾脾、阴血、冲任、调阴阳的观点；研究叶天士的《临证指南医案》，重视奇经辨证，选用血肉有情之品，达到“通补奇经”的目的。

博采众长，善于吸取诸家精华，在继承中发展、创新，形成独特的学术思想及临床经验。从医五十年，融汇古今，中西结合，不断吸收现代医学的治疗与检测手段，西为中用，提高疗效。不断学习，完善自己的知识结构，随时掌握最前沿的妇科理论，勇于实践，摸索创新。几十年来始终坚持临床，精专于妇科疾病，勤思考，将理论用于临床，指导科研，不断结合自己的临床经验加以发扬创新，形成了个人独特的诊疗特点。

3. 师承关系

拜名医郑守谦为师，学习3年，成为他的一名关门弟子。郑守谦一生学而不倦，博览群书，要求弟子应在全盘掌握整个中医思想体系和一般治疗规律下，重点学习专科，要在熟能生巧中灵活运用，不断提高，切忌急躁取巧。在老师的指导和影响之下，阅读

了大量的中医妇科经典古籍，认真学习古今医家的诊疗经验，使自己对中医妇科各家学派及其理论有了系统地认识，为今后从事妇科临床工作打下了坚实的理论基础。

学术成就

2000 年被北京军区聘为高层次人才培养“云梯计划”带徒专家。代表论文包括：《郑守谦学术经验》、《中药治疗女性不孕症探源》、《填精补肾、养血疏肝法治疗卵巢早衰的经验》、《中药内服外用法对卵巢储备功能影响的临床研究》、《原发性卵巢功能不全中西医结合研究进展》、《养血补肾片对阳虚证动物模型卵巢功能的影响》、《养血补肾中药治疗肾虚型无排卵不孕症的临床疗效及其对卵巢、子宫动脉血流动力学参数的影响》等；代表论著有《中医妇科手册》。

“功能失调性继发闭经、稀发月经肾虚证型的临床观察与实验研究”获国家中医药管理局科技进步奖三等奖、中国中医研究院（现中国中医科学院）科技进步奖二等奖；“妇科七号片临床研究（附 347 例临床分析）”获中国中医研究院（现中国中医科学院）科技进步奖二等奖；“养血补肾汤治疗月经失调 68 例”的研究获中国中医研究院（现中国中医科学院）科技进步奖三等奖。培养学生共计 20 余人。

传承脉络

郑守谦→蔡连香→
- 师带徒→
  - 第二批师承：王少玲
  - 第三批师承：李亚俐→赖依琳、娜美茜、李敏智、安世贞
  - 　　　　　　谢京红→张　瑶、韩　冉、高裕美
  - 第五批师承：黄欲晓（在读）、杨智杰（在读）
  - 北京军区云梯计划：谷凌云、包　迪
- 硕　士→ 魏袁琳、卢金玉、夏誉薇、吴伍香、魏亚楠、林纯慧、董立薇、李厚仪、陈付伊、黄海涛、黄欲晓、胡景琨
- 博　士→ 夏誉薇、谢京红（在读）
- 博士后→ 周佩云

供稿人：李亚俐

陈鼎祺

第二批全国老中医药专家学术经验继承工作指导老师

个人简介

陈鼎祺，男，1927 年 6 月出生，江苏无锡人。主任医师，硕士生导师，传承博士后导师，中共党员。从医 60 余年，曾任中国中医科学院广安门医院心肺内科主任，马来西亚首都中医学院教授，吉隆坡中国中医专家中心专家。兼任《中国老人天地杂志》、《中国名医特技精典》顾问。被列入《国际名人辞典》等国内 30 多本名人录等。

学术观点

1. 学术特色

调治心脑血管病，活血化瘀最为先。认为心脑血管病动脉粥样硬化即是中医的瘀血痰浊作祟，冠心病心绞痛是瘀血所致“死血作痛”、“不通则痛”，其他如急性心梗、脑血栓等亦是血栓形成所致，更是“血瘀”、“不通”的严重表现。因此，治疗心脑血管疾病，不能只从风、火、痰、虚立论，还应着意于瘀，临证重视活血化瘀法，常用活血化瘀药物有川芎、赤芍、丹参、郁金、元胡、当归、桃仁、红花、三棱、莪术、王不留行、三七粉等，而乳香、没药、五灵脂、水蛭等气臭味苦、破血攻伐之品则后用，以防戕伐胃气。其他证候类型夹有血瘀表现者，又当标本兼顾，审证论治，辅以其他疗法。常用的活血化瘀方法有理气活血法、补气活血法、温阳活血法、清热活血法、养血活血法、育阴活血法、通窍活血法、除湿活血法、活血祛痰法等。

提倡中西医结合，病证互参。既禀家传，又承师学，并经过西学中班的系统学习，根基深厚，中西医并长，不存门户之见，根据病人的实际情况，选择最佳治疗方案。同时，还非常重视病因的治疗，主张凡治病，必先辨证求因，审因论治，综观整体，治病求本。

临床善用对药，或协同提高疗效以扬其长，或互消其副作用而避其短。如用菖蒲加葛根治疗高血压、脑动脉硬化所致之耳鸣、耳聋，无论是痰蒙清窍、清阳不升，还是脾胃虚弱、肾精亏虚所致，均可在辨证施治基础上加用二药。创制了许多行之有效的经验方，如治疗老年皮肤瘙痒症的“祛风养血方”，治疗气管炎、支气管哮喘的“咳喘方”，治疗冠心病的“冠通丸”等。重视外治法的运用，如治疗气管炎、支气管哮喘患者，用中药穴位敷贴，内外兼施，疗效显著。

2. 治学经历

幼年师从其父学习中医，1947 年参加了两年的无锡西医大专班，毕业后开始从事临床工作。1954 年在天津医科大学临床专业学习四年，1959 年开始在中国中医研究院广安门医院工作，同年参加卫生部为期二年半的西学中班。1961 年拜蒲辅周为师，随诊 15 年，期间与师兄弟合作出版了《蒲辅周医案》、《蒲辅周医疗经验》等专著。尔后在阜外医院及朝阳医院进修、学习、协作达五年，组建了广安门医院心电图室，长期从事中西医结合心血管和呼吸系统疾病的研究。勤求古训，博采众长，融汇中西，形成了一整套独特的治疗方法。

3. 师承关系

幼年开始从父（无锡著名中医陈治良）学习中医，1961 年拜著名老中医蒲辅周为师，侍诊 15 年，全面继承了蒲老治疗内、外、妇、儿科疾病的经验。

学术成就

1. 论文论著

在国内外期刊杂志和学术会议上发表论文 100 余篇，《以益气活血为主治疗 430 例急性心梗疗效分析》（《Acute Myocardial infarction Treated with Yiqihuoxue Mixture》）、《中西医结合抢救急性心梗伴发感染性休克病例》、《中西药对比治疗咳喘 348 例疗效观察》、《蒲辅周医案》；论著有《蒲辅周医疗经验》、《常见病医疗手册》、《中医诊疗常规》、《干部健康手册》。

2. 获奖情况

“益气活血制剂治疗心梗病人 430 例”1982 年获中医研究院科学技术进步奖，1983 年获卫生部科学技术进步奖。2001 年 10 月获中国中西医结合学会“中西医结合贡献奖”。2010 年 12 月获北京市中医药学会同仁堂杯“中医药特殊贡献奖”。

传承脉络

蒲辅周、陈治良 → 陈鼎祺 → 刘宗莲、徐淑文、张润顺

刘宗莲 → 张乐、高祖涛、李萍、奎耀琴、雷义军

供稿人：张润顺

陈可冀

第二、三批全国老中医药专家学术经验继承工作指导老师

个人简介

陈可冀，男，1930 年 10 月出生，汉族，福建省福州市人，中共党员。中国科学院院士，我国中西医结合事业的奠基者及开拓者之一。中国中医科学院首席研究员，香港浸会大学、澳门科技大学荣誉博士，香港大学、香港中文大学及香港浸会大学名誉教授，美国加州大学洛杉矶分校客座教授。1954 年 7 月毕业于福建医学院医疗系，同年 9 月留校任内科助教及附属医院内科住院医师。1956 年 4 月，奉调至中国中医研究院，从事中西医结合特别是心脑血管病临床及研究近 60 年。现任中国中医科学院西苑医院心血管病中心名誉主任，中国中西医结合学会名誉会长，中国老年学学会名誉会长，《中国中西医结合杂志》及《Chinese Journal of Integrative Medicine》杂志主编。中央保健委员会专家组顾问，人事部博士后管委会专家组成员，中国药典委员会执委，中华医学会及中国医师协会常务理事及中国医师协会中西医结合医师分会会长，北京大学中医药现代研究中心学术委员会主任委员及衰老研究中心学术委员会主任委员，首都医科大学中西医结合系学术委员会主任委员，世界中医药联合会高级专家顾问委员会主席等。

学术观点

1. 学术特色

陈可冀院士毕生致力于中西医结合心脑血管病研究。他领衔开展的“血瘀证与活血化瘀研究”形成了富有创新特色的理论体系，成功研发了“冠心Ⅱ号”（精制冠心片）、川芎嗪、芎芍胶囊、愈心痛、血府逐瘀系列药物、宽胸气雾剂等药物，提高了临床疗效，推动了中药现代化的进程。该研究学术影响辐射全国及中医学各临床学科，且得到国内外专家一致认同和普遍采用，成为我国中西医结合研究的典范，并荣获 2003 年国家科技进步一等奖，这是迄今为止中医药界获得的最高科技奖项，是中医、中西医结合的荣耀。

十分注重中医古籍的继承、挖掘与研究。1980 年主持整理清代宫廷原始医药档案 3 万余件，并积极倡导应用现代科学技术方法进行整理研究。完成了前人一直未实现的宿愿清宫医案研究，获得国内外中西医学界的高度评价，相关成果获古籍整理金奖及由国家新闻出版总署颁发的中国出版政府奖。

致力于老年医学研究，为我国老年医学研究的先驱者之一。他相继组建的国家中医药管理局中医心血管病重点研究室、重点学科、专病专科中心，成为国内外中医、中西医结合心血管病防治研究领域最活跃单位。此外还创办了《中国中西医结合杂志》（中、英文版），其引用频率及影响因子历年来在中医药及中西医结合类期刊中均名列前茅，《Chinese Journal of Integrative Medicine》（中国结合医学杂志，英文版）为 SCI-E 收录。相继主持召开被誉为中西医结合国际品牌会议的第一、二、三届世界中西医结合大会，促进了国内外中西医结合学术交流和持续发展，在国际上享有盛誉。

2. 治学经历

入道择师是陈院士成功的重要过程。他认为学好中医的关键主要有以下几点：第一是名师指点，第二要熟读经典，第三要勤奋好学，第四要理论结合实践，第五要虚心求教，最后则是潜心钻研。他的中医及中西医结合生涯都是在中医老前辈的激励和教育下成长的。他师承素有“南冉北张”之称的名老中医冉雪峰先生及近代著名经方大家岳美中先生。据陈院士讲述，冉老治病，善用经方，认为学习中医，精通中医，应当取《内经》、《伤寒论》、《金匮要略》等书，潜心领会，而后对后世诸家流派学术，深究源流，撷取精华。冉老临证时，赞同徐灵胎的论点：“一病必有主方，一方必有主药；或病名同而病因异，或病因同而病证异；则又各有主方，各有主药；千变万化之中，实有一定不移之法，即或有加减出入，而规律井然”。这种辨证论治和专病专方的，思想给陈院士临床诊疗疾病很大启迪。在跟冉老学习的同时，他的才华也受到另一位著名中医的赏识，就是经方派大家岳美中先生。20 世纪 70 年代后期，他在中医及中西医结合工作中取得一定进展，岳老及时赠诗勉励他：“英年绩学展鸿猷，中西结合喜善收；乌影不移参窔邃，梅枝独俏企风流；力从辨证求吾是，弗去分型相尔由；山媚川辉蕴珍宝，只看我辈识耶不？”这些坚定了他学习中医和从事中西医结合的信念。陈院士多年来系统总结了岳美中教授的学术经验，组织整理出版了岳美中教授数种医学著作，包括《岳美中论医集》、《岳美中医案集》、《岳美中医话集》、《岳美中老中医治疗老年病经验》等，后又汇编出版了《岳美中医学文集》和《岳美中全集》，受到国内外学术界的广泛好评。

学术成就

五十多年来承担国家“六五”到“十一五”期间六项科技攻关项目，主持国家级重大研究课题 8 项，主编专著 20 余部，在国内外发表学术论文 800 余篇，其中 100 余篇论文被 SCI 或 SCI-E 收录。“血瘀证与活血化瘀研究”、“方剂与证的药物动力学研究”分别荣获国家科技进步奖一等奖和二等奖各 1 项，获首届立夫中医药学术奖、求是杰出科技成就集体奖（中医药现代化研究）、何梁何利科技进步奖、世界中医药学会联合会首届中医药国际贡献奖、吴阶平医学奖、“科学中国人”终身成就奖等 20 多个国内外奖项。数十年来，桃李满天下，培养硕士、博士研究生、博士后研究人员 120 余名以及师承学术继承人 4 名、传承博士后多名。

传承脉络

冉雪峰、岳美中 → 陈可冀 →
- 硕士研究生、博士研究生：何愉生、马胜兴、王阶、史大卓、王伟、雷燕、徐浩等 90 余人
- 师承学术继承人：徐凤芹、马晓昌、李立志、张京春
- 博士后：黄熙、陆曙、梅之南、吴大嵘、衡先培、刘龙涛、蒋跃绒等 30 余人

供稿人：张京春

西苑医院

程莘农

第一批全国老中医药专家学术经验继承工作指导老师

个人简介

程莘农，男，1921 年 8 月出生，汉族，江苏淮阴人。主任医师，教授，博士生导师，享受国务院政府特殊津贴。首批中国工程院院士，中央文史研究馆馆员，首届国医大师，“中医针灸”入选人类非物质文化遗产代表作名录代表性传承人。1956 年毕业于江苏省中医进修学校（今南京中医药大学）第一期中医本科进修班。毕业后留校任针灸学科教研组组长。后调入北京从事针灸临床、教学、科研与培训工作。曾任国家科委攀登计划“经络的研究”首席科学家，第六、七、八届全国政协委员，中国针灸学会副会长，世界针灸学会联合会高级顾问，国务院学位委员会医学评议组成员，中国国际针灸考试委员会副主任委员，中国医学基金会常务理事，卫生部老干部书画研究会名誉副会长，美国、挪威、南斯拉夫等国家针灸学会和针灸学校名誉主席、名誉校长等职。

学术观点

1. 学术特色

在文献研究的基础上，结合临床经验，提出了许多学术观点、方法，诸如针灸理法方穴术辩治理念、六阴经有原论、八脉交会穴统管心、脑、督脉辩证关系论等，并创立了在临床上所特有的“一窍开百窍法”、“通调四关法”、“八穴镇痛法”及“改良三才针法”等，这些在学术上都独树一帜。在临床、教学和科研中，重视中医基础理论对针灸临床的指导作用，尤其是经络辨证，依据经脉循行，将病候归经辨证，据证立补泻、温清、升降六法，依法定君臣佐使、大小缓急奇偶复，确立了“缘理辨证、据证立法、依法定方、明性配穴、循章施术”的针灸临床辨证论治体系。

2. 治学经历

6 岁起读书学文、练习书法，10 岁随父亲背诵中医典籍，16 岁拜陆慕韩为师，学习内科和妇科，19 岁独立挂牌应诊。1947 年 11 月获得中华民国考试院颁发的医师证书。1953 年 5 月清江市中西医进修班结业。1955 年考入江苏省中医进修学校，毕业后留校任针灸学科教研组组长，成为他由“用药”到“用针”的转折点。积极参加针灸巡回教学，深入基层开展工作，负责南京市 100 余名针灸师及各县市针灸医师的培训，足迹遍及江苏省 8 个专区 20 个县。还完成了“难经语译”、“经络循行与病候关系示意图”等工作，促进了中医古籍语译工作的发展。

1957 年调入北京中医学院，任针灸教研组组长，参与组建东直门医院针灸科，主管针灸教研、临床工作，负责教材编写和病房规范的制定工作。1959 年组织编写《简明针灸学》，成为我国较早期的针灸学专业读本。60 年代后期，开始把研究工作的重点放在经络研究上，主持完成的“体表循行 81 例研究”，是我国早期经络研究代表作之一。

1976 年调入中国中医研究院（现中国中医科学院）针灸研究所，从事针灸经络的研究工作，身兼临床、教学、科研与管理数职，任针灸研究所经络临床研究室主任、针灸教学研究室主任、国际针灸培训中心副主任等职，是最早参与组建卫生部国际针灸培训中心的教师之一。自此全心倾注于国际针灸教学工作，坚持带外国学员临床实习，先后为百余国家的数千名外国留学生传授针灸技艺，在国际上获得较高声望。“八五”期间，被国家科委聘为首席科学家，主持被列为国家重大基础科研攀登计划的经络研究。

3、师承关系

程莘农学术思想主要渊源于家学影响、跟随名师和院校教育。父亲所授的四书五经和中医典籍为其奠定了良好的基础。之后拜师陆慕韩，临证3年半，掌握了常见病的中医药诊疗规律，为日后提出理、法、方、穴、术的针灸辨证观点打下了基础。在江苏省中医进修学校学习和带教期间，孙晏如老师的经络辨证和循经取穴观念，李春熙的关于五腧穴、八会穴的渊源、交汇、主治病症和临床应用规律，对其学术观点的形成影响较大。

学术成就

1. 论文论著

对中医典籍研究颇深，撰写《难经语译》（初稿）、《难经概述》等，并对针灸辨证施治理论体系进行了系统性的研究，发表了《八会穴的理论基础与临床运用》、《有关‘五腧’的几个问题》等论文。主编的《中国针灸学》在30余年的时间里，再版多次，被译为英、法、西等多种语言，一直是中国国内国际针灸教学的教材，也是欧美各国的中医学子们认识和学习针灸的入门向导。

2. 获奖情况

主持的“十四经穴点穴法”获卫生部科技乙等奖，“循经感传和可见经络现象的研究”获国家中医药管理局一等奖，参与的“经络的研究”获北京市科学技术奖二等奖。

传承脉络

程序生、陆慕韩、孙晏如、李春熙 → 程莘农 →

- 家族传承 → 程洪峰、程绍祖、程　凯
- 院校教育 → 带教硕士、博　士 → 彭荣琛、纪晓平、杨秀娟、王宏才、李　扬、郑其伟、高俊雄、韩小霞、钱淳宜、胡金生、秦　广、庄家秀、谢任禹、杨　威、黄秀云、黄明仁、方　策、黄　涛、严　华、孔繁蕾
- 拜师传承 →
  - 师带徒：常保荣
  - 博士后：杨金生
- 工作传承 → 陈秀珍、周允娴、郭文瑞、尹秀琨、刘家瑛、刘朝晖、孟　宏、魏立新
- 培训教育 → 北京国际针灸培训中心国内外培训
- 北京市非遗项目传承 → 程红锋、杨金生、程凯、王莹莹、陶　冶、谷　雪
- 其他传承 → 吴秀芝

供稿人：王莹莹

邓成珊

第二批全国老中医药专家学术经验继承工作指导老师

个人简介

邓成珊，男，1938 年 2 月出生，重庆合川人。主任医师，博士生导师，中共党员。享受国务院政府特殊津贴。北京市中医药科技项目——燕京名医学术思想传承指导教师，中国中医科学院“名医名家传承”项目指导教师，国家中医药管理局邓成珊名中医传承工作室指导教师。1963 年以优异成绩毕业于成都中医学院医疗系本科（六年制），后留校任教，同年调入中国中医研究院西苑医院内科工作。1983 年任血液病研究室副主任，1986 年至 1999 年任西苑医院副院长，1995 年任全国中医血液病医疗中心主任。曾任国家药品监督管理局中药新药评审专家。中国中西医结合学会血液学专业委员会副主任委员，中国中医科学院研究生部兼职教授，浙江省中医管理局、浙江省中医院、广东省中医院医学顾问，河南省中医院硕士生导师、客座教授，新加坡卫生部中医学顾问。

学术观点

1. 学术特色

在血液病“虚劳”（再生障碍性贫血、难治性贫血）、“急劳”（急性白血病）、“血证”（血小板减少性紫癜、过敏性紫癜）、“癥积”（骨髓增殖性疾病伴脾大）等病证的辨治方面积累了丰富的经验。治疗虚劳血虚证，注重阴阳互根，既要血肉有情之品以补血形之不足，又要加入温阳之品，帮助血的化生，以求阳生阴长。如治疗血证，首先应根据出血的颜色、量的多少、病程长短、起病的缓急、出血部位等，分析疾病的性质；以《血证论》提出的止血、消瘀、宁血、补血四法，为治疗血证的大法；本病为本虚标实证，气、火、虚、瘀贯穿疾病的整个过程。其次治疗本病，应重于治本，益气养血滋阴为治疗本病的基本方法。将十二首经方，运用到血液病的治疗中，如大菟丝子饮、十四味建中汤、防崩汤、六味地黄丸、六神丸、青黄散、杀癌七号方、桃红四物汤、犀角地黄汤、清瘟败毒饮、枣矾丸以及羊肝丸。治疗内科杂病，拟方选药具有自己的特点。在中医药学术领域及临床研究中，治学严谨，刻苦钻研，主张中医为主，中西结合，兼收并蓄，融汇贯通，不断更新知识，站在学科前沿，在疾病的重点、热点、难点上下功夫，掌握病机，方少药专，狠抓可重复疗效。

2. 治学经历

长期从事内科临床、科研及教学工作。中医功底深厚，中西医汇通，临床经验丰富。曾赴美国、日本、德国、新加坡、泰国等国进行讲学、医疗及学术交流。擅长血液病、免疫系统疾病及内科杂病诊治，尤其对各种贫血、白血病、血小板减少性紫癜、骨髓增生异常综合征、风湿及类风湿性关节炎、红斑狼疮等疾病有独创见解。

丰富的临床经验，来自于深厚的理论功底。善于研读古籍，对血液病的发展有很系统的认识。他认为，早在秦汉时期，《内经》就认识到血液的形态、生成、作用以及脏腑、血脉、气血等之间的关系；“血脱”、“血枯”的病因及症状；出血部位的分类等。《金匮要略》开辟了血液病辨证施治的先河，如紫癜辨阴阳；再障从虚劳论治；出血按部位及寒热虚实辨证。《诸病源候论》对虚劳病已明确提出分为五劳、六极、七伤。到宋金元时期，创立了许多治疗血液病有确切疗效的方剂，如归脾汤、人参养荣丸、十四味建中汤、当归龙荟丸等；温病学的成就对血液学产生了重大影响，如卫气营血辨证与血液病的发热和出血；《血证论》中治血四法、《理虚元鉴》中“治虚三本”等，对血液病的治则治法提供了理论依据。

3. 师承关系

曾师从全国著名老中医王文鼎和朱颜先生，深得真传。如王文鼎名医“重视经方应用”、“临床选方用药活泼圆通”等学术思想，在其的临诊经验中多有体现。朱颜先生“治病必求于本”、“温补肾阳法治疗再生障碍性贫血”等学术思想，在其名老中医的临床治疗中得到应用。

学术成就

1. 论文论著

发表论文 50 余篇。主编大型专著《当代中西医结合血液病学》、《再生障碍性贫血中医治疗》及《新编常用中西成药的功能用法与禁忌》，参加编著《实用中医老年病学》、《中医管理学概论》、《名医》、《中医年鉴》。

2. 获奖情况

《当代中西医结合血液病学》（主编）获 1998 年度中国中医研究院科学进步奖以及获国家中医药管理局中医药基础研究三等奖（1999 年）。《大菟丝子饮为主补肾中药治疗慢性再生障碍性贫血的临床及实验研究》于 1986 年获卫生部重大科技成果二等奖，《补肾法治疗再生障碍性贫血的研究》获 2007 年度中国中西医结合学会科学技术奖三等奖。

传承脉络

朱颜、王文鼎 → 邓成珊 → 胡晓梅 → 马俊丽、曲文闻、宋敏敏

邓成珊 → 韩东、程志、肖海燕、季菲、王彤

供稿人：胡晓梅

董德懋

第一批全国老中医药专家学术经验继承工作指导老师

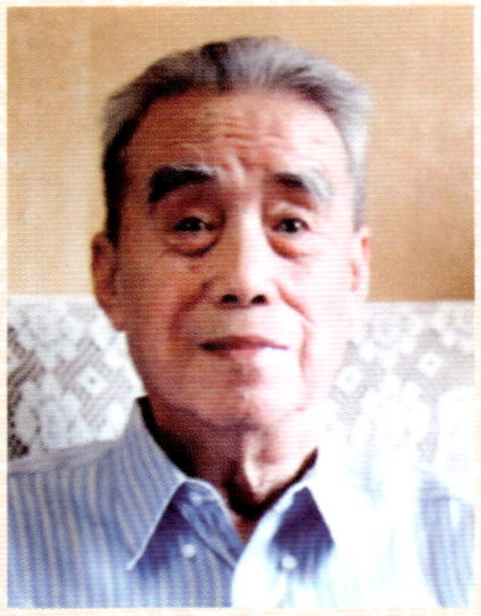

个人简介

董德懋（1912 年 9 月～ 2002 年 9 月），男，满族，北京市房山区人。主任医师，研究生导师，中国农工民主党党员。首批获国务院政府特殊津贴。中国中医研究院资深研究员，中国中医研究院学术委员会委员。1937 年华北国医学院毕业，从事中医内科、儿科、妇科临床 66 年，中医学术期刊编辑工作 63 年。历任华北国医学院教务长、副院长，《北京中医》主编，《中医杂志》主编。曾任中国农工民主党北京市医药工作委员会副主任，中华医学会理事，中华儿科学会常务理事，全国中医学会常务理事，全国针灸学会副会长，北京中医学会副会长，《中华医学杂志》常务编委，《中医杂志》名誉主编。

学术观点

1. 学术特色

治学严谨，厚积而薄发。崇尚脾胃学说，重视调理脾胃，治脾胃以安五脏。诊查疾病提纲挈领，抓主症。治疗疾病，外感擅用清解法，内伤擅用调理脾胃法，并注重内外关系，强调“外疏通，内畅遂”，“里气通，表自和”；对于疑难重症则注重整体，辨证论治，配合气功，疗效卓著。

注重清解外邪，认为善治者治皮毛，六淫首先犯肺，火热致病具有广泛性，清解为治疗外感病的大法。认为脾胃为后天之本，脾胃贵健通和畅，四季脾王不受邪，调脾胃以治五脏。脾胃病分虚实寒热，脾病多虚，胃病多实；脾病多寒，胃病多热。临床病情复杂，往往虚实夹杂，寒热并见。调理脾胃归纳为十法。十法以攻、补为纲，攻法为理气、清热、祛湿、消导、攻下；补法为益气、升举、温中、养阴、固涩。遣方用药主张平和，药量宜轻，用药宜精，重病轻取，用效通神。主张 “勿伐天和，勿伐无过”。钻研气功，坚持实践，总结“安神静坐，物我相忘，心息相依，呼吸自然” 练功十六字诀。治疗疑难病证注重整体，辨证论治，配合气功，治病调神，疗效卓著。强调摄生调养，以配合治疗。

2. 治学经历

1940 年创办《中国医药月刊》杂志。1941 年起在北京前门打磨厂悬壶济世，与魏龙骧等并称“北京四小名医”，京津一带有“金针董德懋”之赞誉。1950 年组织成立永定门中医联合诊所，任所长。1950 年成立北京中医学会（中华中医药学会的前身），任副主任委员。1951 年 5 月北京中医学会创办会刊《北京中医》，任《北京中医》主编。1955 年 1 月《北京中医》改名《中医杂志》，任《中医杂志》主编。

3. 师承关系

董德懋是施今墨先生的学术继承人。施今墨先生在30年代创办华北国医学院，他是华北国医学院第三期学生。1937年毕业后在施今墨诊所从事临床工作5年，继承了施今墨先生的学术思想和临床经验，是施派传人。

学术成就

论文论著包括《中医基础学》、《中医药物学》、《中医防治痢疾的方法》、《针灸铜人图》、《针灸经穴概要》、《中国医药月刊创刊宣言》、《下乡中成药应用基本知识》、《久热治验2例》、《脾胃学说浅谈》、《“治脾胃以安五脏一例”》。

创办《中国医药月刊》、《北京中医》等杂志，是新中国中医学会工作和中医学术期刊的开拓者。

传承脉络

施今墨→董德懋→
- 学术继承人→
  - 徐凌云
  - 董志华
- 研究生→
  - 陆寿康
  - 段荣书
  - 路京华
  - 刘文昭

供稿人：徐凌云

方药中

第一批全国老中医药专家学术经验继承工作指导老师

个人简介

方药中（1921 ～ 1995 年），男，汉，重庆市人。教授，研究员，主任医师，博士生导师，中共党员，享受国务院政府特殊津贴。历任中国中医研究院研究生部主任、西苑医院副院长。曾任国家科技进步奖评审委员会委员，国家自然科学基金评审委员会委员，国务院学位委员会学科评议组成员，卫生部药典委员会委员，药品评审委员会委员，中华全国中医药学会常务理事等职。

学术观点

1. 学术特色

在中医现代史上，作为一位有创见的中医理论家，一位中医研究生教育的奠基人、开拓者和一代宗师，一位为捍卫中医事业不屈奋战的坚定卫士留下了自己的印迹。在坚持中医理论体系构建与阐释的同时，重视理论与实践的密切结合，重点从事肝肾病的诊治研究。培养出的大批博、硕士研究生，现已成为中医教育、临床、科研管理的栋梁之材而遍布全国。其学术特色主要体现在以下几个方面：

首次系统地对中医理论体系的构成要素及其作用、地位、相互关系、结构作了一次全面、系统、明确的表述与阐释。即：中医学的指导思想——整体恒动观；中医学的理论基础——气化论；中医学对人体生理和病理的认识——藏象论；中医学对疾病病因与发病的认识——正邪论；中医学对疾病病机的认识——求属论；中医学诊断治疗疾病的主要方法与特点——辨证论治；中医理论产生的物质基础——“候之所始，道之所生”；中医学的论理工具——阴阳五行学说。对中医气化学说的进行整理、提高与再认识。与许家松合著《黄帝内经素问运气七篇讲解》被评为自唐代王冰补注“运气七篇”以来的第一个全文讲解本。该书对于“运气七篇”，整理其理论体系，发掘其理论实质与核心，并重新认识和评价中医气化学说及其在中医学中的地位。

提出辨证论治创新模式并研制肝肾病系列方。第一步，按脏腑经络理论对疾病进行“定位”。第二步，从阴阳、气血、表里、虚实、风、热（火）、湿、燥、寒、毒对疾病进行“定性”。第三步，“必先五脏”，即在上述定位、定性的基础上，辨析出反映疾病本质的主要病理变化，完成“辨证”，提出中医诊断。第四步，“治病求本”，即找出相应的治法和方、药。第五步，“治未病”，即根据中医“五脏相关”的整体观，通过调节相关的未病脏腑，协助治疗已病脏腑，进行整体调控以提高疗效。提出了西医辨病和中医辨证论治相结合的新的诊治模式，为中医辨证论治的发展与创新，作了新的探索。

中医研究生教育的开拓者和奠基者。长期主持研究生培养工作，设计培养主干课程，提出“自学为主，提要勾玄”的教学方法。在培养模式上，提出了“懂理论、会看病、能讲会写”以通才为主的培养模式。在培养途径上，采取课堂集中讲课与导师分别培养相结合。开设百家讲坛，倡导广纳百川，营造开放争鸣的学术空气，使中国中医研究院研究生院成为教育的一面旗帜。力主中医传统科研方法与现代科学技术方法并举并重，为探索应用科学研究方法发展传统中医药学奠定了基础。

2. 治学经历

幼年先习儒学，读经书，从父诵读中医启蒙读物，后入学堂。1940 年，方药中先生拜门于“南京四大名医”之一、清代著名医家陈修园后裔陈逊斋先生学习中医。1944 年出师后，通过考试和审批，在重庆市开设“方药中诊所”。1951 年，调至西南卫生部中医科工作。1952～1957年，以“中学西”身份，考入北京大学医学院医疗系学习西医五年。20世纪五六十年代，承担卫生部举办的“西学中”高级班的教学工作。1957年“北医”毕业后，分配到中医研究院从事临床、教学和科研工作。六七十年代，曾多次随医疗队深入到边远贫困地区、灾疫区参加浮肿干瘦病、布氏肉杆菌病、丝虫病等救治工作。1975年参加筹建全国中医研究班，1978年创办中医研究院研究生班，长期主持工作，直至1995年病逝。

学术成就

1. 论文论著

代表性论文：《目前中医界的一个最大的危机——一般人所谓的中医科学化》、《论辨证论治七步法的基本内容及其临床应用》、《谈病机十九条的基本精神及其在辨证论治中的具体运用》、《评伤寒与温病学派之争》、《论中医理论体系的基本内涵及其产生的物质基础》、《方药中对慢性肾功能衰竭的理论认识和诊治经验》。代表性专著：《医学三字经浅说》、《中医学基本理论通俗讲话》、《辨证论治研究七讲》、《黄帝内经素问运气七篇讲解》、《医学承启集》、《温病汇讲》、《方药中论医集》。编著有《中医专题讲座》、《名家中医温病汇讲》、《名家中医临床汇讲》、《名家中医基础汇讲》。参加主编《实用中医内科学》。

2. 获奖情况

《黄帝内经素问运气七篇讲解》获1989年国家中医管理局科技进步奖一等奖；国家“七五”科技攻关课题《著名中医方药中对慢性肾功能衰竭的诊治经验研究》，获1991年国家中医药管理局科技进步奖三等奖；1990年被国务院授予有突出贡献的专家；1990年获“阿尔伯特·爱因斯坦世界科学奖”荣誉证书。

传承脉络

方药中→
- 研究生培养→
  - 硕　士→
    - 许家松→
      - 硕士→王华敬、李　鲲、马小北、张松青、荆　鲁
      - 博士→裴玉兰（外籍）、李　鲲、马小北
    - 何绍奇、肖燕军、朱邦贤、江幼李、王　琦、陈世奎、程昭寰、王庆其、孟庆云、孟琳升、张　奇、傅兴国、赵立岩、何正治、陈立华、杨　力、张树生、陈贵廷、范准成、边玉麟、李俊龙、杨建武、宋　格、陈　庚、胡　欣等
  - 博　士→
    - 高思华→李鸿涛等
    - 尤江云、张　奇、赵崇学、齐文升、刘成源
- 师带徒→袁晓军、方　芳、曲　峰（哲学专业）、孟凤仙
- 其他途径→时振声、王　岱、钱振淮、赵树仪、阎乐知、朱　钰、葛庆生、盛增秀、刘国普、晁恩祥、张家理、王国三、聂丽芳、林秀彬、王国栋、余仁欢、方　芳等

供稿人：马小北

房定亚

第二批全国老中医药专家学术经验继承工作指导老师

个人简介

房定亚，男，1937年10月出生，汉族，河南南阳邓州市人。主任医师，硕士、博士生导师、博士后导师，中共党员，享受国务院政府特殊津贴。1964年毕业于北京中医学院中医内科专业，行医40余载，先后任东直门医院内科负责人兼心血管研究组组长；中国中医研究院西苑医院副院长、院长，兼老年病研究所所长；西苑医院风湿病科学术带头人。中华全国中医学会理事，中国老年学会、中医研究会副主任委员，全国中医风湿病学会顾问，中央保健委员会会诊专家，新加坡同济中医研究学院顾问，新加坡中华医学会顾问。1993年由国务院授予“有突出贡献的医学专家”称号。

学术观点

1. 学术特色

推崇“病证结合”与“专方专药”。认为病是本，是纲，证是标，是目，证依附于病，临诊时应“先辨病，后辨证，再议治”。善用专方治专病，对于病证既明的情况，专方往往收效快、药味少、用法简便。阐发“毒热致痹”理论。认为“热毒”是风湿免疫病发生的决定因素，而“络脉损伤”则是本类疾病的共同病理基础，因此，“热毒伤络”是弥漫性结缔组织病的病机关键。强调“清热解毒祛瘀法”在风湿免疫病治疗中的地位。

治杂病重视调和气血。认为气血为立命之本，许多内伤杂病尤其是老年病，都因气血失和而致，尤以气虚血瘀证多见，故应从调和气血、补气活血论治。认为创伤诸证多以血瘀气滞为病机，应从活血理气入手。重视脏腑辨证，尤重脾肾调理。在辨证时以脏腑为纲，重视先天后天的调护。认为脾肾亏虚在风湿病患者中普遍存在，调补脾肾能使生化有源，机体强健，还可配合西药而起到减毒增效的作用。提倡辨病用药，用药精准。认为针对“病”的本质用药是非常重要的原则之一，此即“治病必求于本”。用药时在重视功效上一药多用，注意结合实验室指标、现代药理研究选择药味，力求用药精准，药少而精。

2. 治学经历

10岁时患麻疹合并喉炎，失音不能言语，病情颇重。后经乡里郎中给予“六神丸”含服治疗，病情竟然有了转机，慢慢康复。这次病愈使他切身体会到中医的神奇疗效，对中医产生了深厚的感情。1958～1964年，就读于北京中医学院，学习刻苦，成绩优异。来自医圣张仲景故里，对仲景医学思想情有独钟，学习伤寒、金匮两门课程倍加用心，同时还积累了丰富的西医专业知识，为日后行医打下了坚实的基础。毕业后留校金匮教研室，师从宋孝志老师，并受到祝谌予老师的指点，对《金匮》所涉及的“病、证、症、方”相结合方面有了更为具体深入的认识。在西苑医院工作期间，得到岳美中的指点，对其“专病用专方”学术观点的形成产生了重要的影响。在40余年的临床、科研与教学中，探索求证，总结经验，升华理论，指导临床，在治疗心、肾、风湿病方面取得了卓越的成绩，成为受人敬仰的名医。

3. 师承关系

在北京中医学院金匮教研室执教期间，师从宋孝志，并得到祝谌予的培养，逐渐体会到《伤寒杂病论》蕴含的“病证结合”的学术观点，奠定了他“辨病与辨证相结合”的学术观点的基础。

学术成就

1. 论文著作

发表学术论文50余篇，涉及风湿病、肾脏病、心血管病等专业领域，以及中西医结合、辨病与辨证相结合等理论探讨。如《类风湿性关节炎的证治体验》、《四妙勇安汤治疗类风湿关节炎》、《四妙消痹汤治疗类风湿关节炎活动期临床研究》、《补肾舒督汤治疗强直性脊柱炎31例》、《从络病治疗葡萄膜炎的感悟》、《提高肾炎疗效要注意的几个问题》、《慢性肾功能不全的治疗体会》、《治急性心肌梗塞并发症验案》、《七年内治疗陈旧性心肌梗塞62例疗效分析》、《运用生脉散治疗休克等病证体会》、《谈临床中西医结合》、《对岳美中教授所谈专病专方的体验》、《浅谈辨病论治与专方专药的应用》、《专病专方不可忽视》等。主编《中成药临床应用指南》、《老年肾脏病防治》，参编《肾炎的中医证治要义》等，主审《房定亚治疗风湿病传真》。

2. 获奖情况

“益气活血治疗陈旧性心肌梗塞50例及临床体会”获1977年中国中医研究院科学技术奖，“肿痛消治疗软组织损伤临床及实验研究”获1989年中国中医研究院科学技术奖三等奖，“东乐膏”获1990年五部委产品银质奖，“类风湿关节炎的临床与实验研究”获2006年中国中医科学院科学大会奖，“四妙消痹方治疗类风湿性关节炎的临床与实验研究”获2008年中国中医科学院科学技术奖二等奖，“治疗类风湿关节炎中药新药金藤清痹颗粒的研究与开发”获2009年中华中医药学会科学技术进步奖三等奖。2012年获中国中医科学院“岐黄中医药基金会传承发展奖”。

传承脉络

房定亚→
- 师　带　徒→周彩云、寇秋爱、樊相军
- 博士研究生→张国强、马　芳、杨怡坤
- 硕士研究生→潘　峥、唐今扬、李　斌、李文坤、刘青云
- 传承博士后→张　颖、曹玉璋

供稿人：周彩云

西苑医院

冯兴华

第四批全国老中医药专家学术经验继承工作指导老师

个人简介

冯兴华，男，1945 年 9 月出生，汉族，山东济南人。主任医师，博士生导师，博士后导师，中共党员。享受国务院政府特殊津贴，国家中医药管理局风湿病重点学科学术带头人。国家食品药品监督管理局新药评审委员会专家，中华中医药学会风湿病专业委员会副主任委员，北京市中西医结合学会风湿病分会副主任委员，北京市中医药学会风湿病分会副主任委员，北京市新药评审委员会委员，《北京中医药》杂志顾问等。

学术观点

1. 学术特色

临证诊治中注重辨病与辨证相结合，宏观与微观相结合，中医经典理论与临床实践相结合；痹病诊治中强调祛邪为主、回顾正气；重视中西医结合，优势互补；强调“痹病的病因非独外感风寒湿热邪气”、“痹病从肝论治”、“祛邪是类风湿关节炎的基本治法”等学术观点。多年的临床实践中，在强直性脊柱炎（脊强）、类风湿关节炎（尪痹）、干燥综合征（燥痹）、系统性红斑狼疮（蝴蝶疮）、骨关节炎（骨痹）、痛风性关节炎（痛风）等风湿病治疗中，充分发挥中医药优势，提出独到见解，丰富和发展了痹病学理论。

在强直性脊柱炎诊治中，提出该病“肝肾亏虚为本，标在寒湿、湿热痹阻，血瘀贯穿始终”的学术观点；治疗或补或泻，或补泻兼施，随证而治，灵活变通；创补肾强脊汤、清热强脊汤，验之临床，常获良效。在凝练学术观点基础上，确立强直性脊柱炎中医诊疗规范，并提出了针对临床诊治的八条建议。在类风湿关节炎诊治中，认为风、寒、湿、热、痰浊、血瘀等邪气闭阻是类风湿关节炎的根本原因，散寒除湿、清热利湿、化痰祛瘀等祛邪方法是类风湿关节炎的基本治法，在类风湿关节炎的病程中正气往往被损伤，甚者正气虚衰者，扶助正气刻不容缓，但辅助正气的根本目的仍是为了祛邪。主持并起草 2002 年版《中药新药临床研究指导原则》类风湿关节炎章节及 2012 年重新修订版，对近 10 年全国类风湿关节炎新药临床试验及科学研究起到了规范作用。干燥综合征诊治中，强调干燥综合征与五脏相关，与肺脾肝肾尤为密切，病机气阴亏虚为本，燥热血瘀痰湿为标，养阴清燥为基本治法，参以益气、补脾、润肺、滋肾、清肝、化瘀、通络诸法。系统性红斑狼疮诊治中，强调肝肾阴虚为本，热毒血瘀水饮为标，并随着各个时期正邪抗争的强弱而表现出不同的证候特点，常用清热解毒，凉血祛瘀，健脾益气，滋阴补肾等治法。在骨关节炎诊治中，强调其病机与肾虚血瘀密切相关，补肾壮骨、益气活血是其基本治法，研制院内制剂“牛膝健步颗粒”临床疗效显著。在痛风性关节炎诊治中，强调分期辨证施治，急性期亦清热利湿、解毒通络，缓解期亦健脾益气、利湿化痰通络。在治疗风湿病过程中，依据病情常用疏肝理气法治之，竟能获意想不到的疗效，提出痹病从肝论治的观点。另外，对治疗其他风湿病如白塞氏病、结节性红斑、纤维肌痛综合症、皮肌炎、硬皮病以及内科杂病，亦颇有心得。

2. 治学经历

20 世纪 60 年代师从焦勉斋、郑毓桂、侯汉忱、张之函等济南名医，悉心钻研中医理论及临诊精髓；文革期间，顶风自学各门西医课程。80 年代初，考入中国中医研究院，跟随谢海洲、方药中教授攻读硕士学位，开始系统学习中医痹病理论。1983 年获硕士学位，毕业至今工作于中国中医科学院广安门医院风湿病科，从事风湿病中西医结合临床和基础研究近 30 年。

主持承担国家“十一五”科技支撑计划重大疑难病研究“中医药治疗强直性脊柱炎规范化及疗效评价研究”、国家自然科学基金课题“补肾活血法对强直性脊柱炎成纤维细胞向成骨型分化的影响及机制”，参加“十五”攻关课题“中医治疗类风湿性关节炎方案的研究”，承担中国中医科学院创新工程课题“强直性脊柱炎辨证论治的研究”等多项院所级课题。

学术成就

1. 论文论著

发表《岳美中老中医处方用药初探》、《浅谈<瘟疫论>遣方用药的特点》、《痹寒乐和痹康乐三方治疗类风湿性关节炎疗效观察》、《浅论痹证从肝论治》、《论痹证病因非独外感风寒湿热》、《中西医结合治疗类风湿关节炎的思考》等论文多篇。主编《中医内科临床手册》、《实用中医风湿病学》等，参与《中药新药临床研究技术要求》、《中药新药临床研究指导原则》、《中国基本中成药》、《中国大百科全书·传统医学卷》（治则治法分支）、《中华风湿病学》等书的编写。多次获得中华中医药学会、中国中医科学院科技进步奖。

2. 获奖情况

国家自然科学基金课题“补肾活血法对强直性脊柱炎成纤维细胞向成骨型分化的影响及机制”，获得 2009 年中国中医科学院科技进步奖二等奖；获得 2010 年中华中医药学会科技进步奖三等奖。国家“十一五”科技支撑计划重大疑难病研究“中医药治疗强直性脊柱炎规范化及疗效评价研究”，获得 2011 年中国中医科学院科技进步奖二等奖。2011 年，因个人在中西医结合领域取得突出成绩，获得第二届中西医结合贡献奖。

传承脉络

针灸学→承淡安→郑毓桂、焦勉斋
内科学→吴少怀、魏继贤→候汉忱
方药中、谢海洲

郑毓桂、焦勉斋、候汉忱、方药中、谢海洲→冯兴华→

- 刘宏潇（博士后）→硕　士：付　姣、马晓娟、王海南、周颖燕、高世超、眭蕴慧、陈　鹏
- 许凤全（博士后）→硕　士：张琳园、张　颖
- 贾春蓉（博士后）
- 曹　炜（博　士）→硕　士、郭小文、李德平、刘鹏宵、王清林、陈　凯
- 何夏秀→硕　士：郑晓龙
- 马晓晶→硕　士：邓艳华、顾宝光、李青青、梁翠梅、邹丽芬、王　韵、王　琳、王　楠、罗　云、莫　倩
- 刘　健→
  - 博　士：汪　元、朱　艳、纵瑞凯、万　磊、张晓军、曹永贺
  - 硕　士：程华威、范海霞、郭　雯、杨梅云、徐学芳、李　华、朱怀敏、潘喻珍、陈瑞莲、盛长健、谢秀丽、曹云祥、汪四海、杨　佳、张金山、刘　磊、冯云霞、程园园、齐亚军、孙　玥、王　芳、阮丽萍、叶文芳、王雅黎
- 孔祥民
- 庞　秀
- 博　士：刘宏潇、曹　炜、葛　琳、王海隆、张显彬、梁慧英、姜　楠、刘本勇
- 硕　士：张伯召、马桂琴、邓　洁、杨同广、张显彬、徐红娣、彭贤文、袁　永、杨雪玲、何松蔚、薛新凯、王冬峰、张婉瑜、杨　瑾、韩　颖、韦小双

供稿人：刘宏潇

傅方珍

第一批全国老中医药专家学术经验继承工作指导老师

个人简介

傅方珍（1915 年 4 月～ 2001 年 4 月），女，汉族，浙江宁波人。主任医师，博士生导师，农工党党员。享受国务院政府特殊津贴，中国中医研究院资深研究员。1939 年毕业于上海中国医学院，曾在浙江、四川、武汉等地行医。中华人民共和国成立后，在武汉市中医药联合改进会门诊部工作，并被聘任为江汉路分门诊部主任。 1955 年调入中国中医研究院，一直在从事妇科临床、科研与教学工作。

学术观点

1. 学术特色

从事中医工作五十余年来，对妇科的常见病、多发病以及疑难病证有丰富的临床经验，尤其对不孕症、痛经、子宫内膜异位症、盆腔炎、习惯性流产、妊娠剧吐、绝经前后诸证等疾病，更有其独到之处。这是与她其奋学习及严谨的治学思想分不开的。熟读《内经》、《伤寒论》、《金匮要略》、《医宗金鉴·妇科心法要诀》、《傅青主女科》等经典著作，同时也学习现代医学中的有关著作，如《实用妇科学》、《阴道细胞学》等书籍。她博览群书，广采众家之长，不断吸取前人和他人的经验，融会贯通，灵活运用，所以不但对中医有很深的造诣，对西医也有较深的功底。

在临床诊病中，非常重视整体辨证，尤其重视人体阴阳气血盛衰的变化，并根据病情全面分析，切中病机。她认为，同一种疾病，表现在不同体质的人身上，会出现各自不同的症状，故临床应详察细辨，从复杂多变的临床表现中抓住其疾病的本质，给予辨证施治。在临床治疗中，重视后天脾胃的调理。不仅对以脾胃气虚为主的病证重视健脾益气调补脾胃，而更注重由于脾虚导致的湿邪内生。湿邪蕴久可化为湿热之邪，若留滞脏腑或身体任何部位，则会导致各种相应不同的疾病。在妇科，若湿邪侵入胞宫，可出现腹痛、带下、闭经、崩漏、不孕等妇科疾病，所以她很重视对湿邪的诊治。并有专文对妇科病中湿证的临床表现、治法及注意事项有详细的论述。

另一方面点则是强调“命门”的生理功能，注重肝肾的调理。她认为，肝主藏血，肾主藏精，精血同源，相互资生；精充血旺，血海充盈，月经按时而至，方能有子。所以说，肝肾对于妇女的月经、生育有至关重要的作用。由于素体肝肾不足或多产房劳，或七情内伤，会使精血暗耗，精亏血少，导致冲任失调，可出现月经不调、崩漏、闭经、不孕、滑胎、月经前后诸症，以及绝经前后诸证等。所以在治疗月经病和不孕症中，尤重于肝肾的调理。

主张中西医合参，倡导中西医理论互相取长补短，既反对以现代医学的病证生拉硬套中医的治法，又反对墨守成规的泥古思想，主张用现代科学的观点和方法，阐明中医病证的实质并加以辨证。她诊病望、闻、问、切逐一不漏，并结合现代医学的诊疗技术，例如妇科检查、内分泌检查和 B 超检查等，在明确西医诊断的基础上，再根据患者的临床表现及舌苔脉象，给予辨证、立法、处方、用药。例如功能性子宫出血，中医谓之崩漏的治疗。现代医学认为，引起功能性子宫出血的原因是由于“下丘脑—卵巢—子宫性腺轴”

功能失调而引起内分泌的功能紊乱。治疗应以雌、孕激素调理月经周期。而中医则认为“肾（命门）--天癸—冲任”失调是引起崩漏的根本原因。调整阴阳气血、冲任对调节内分泌有重要作用。所以她对月经不调、崩漏、闭经等疾病，除用中医的辨证治疗外，还要结合西医妇科的阴道细胞学的检查或内分泌的测定，观察女性激素水平的情况给予治疗。例如由于卵巢功能失调而致女性激素水平低落者，她认为此类患者一般以肾阳虚多见，故治疗以温肾阳为主，方用金匮肾气丸加仙灵脾、巴戟天、紫河车、鹿角胶等，有改善女性激素使其升高的作用。若女性激素水平高涨者，多为肾阴不足，治疗以滋补肾阴为主，方用六味地黄丸加女贞子、枸杞子、沙参、麦冬、龟板、鳖甲等，观察到有调节雌激素的作用，临床均获得好的疗效。

此外，对于肾虚或久病体弱者，傅方珍善用血肉有情之品治之，如阿胶、龟板、鳖甲、紫河车、鹿角胶等，能滋补人体的精、气、神，填补人体之下元，调整人体之阴阳，补益气血以及冲、任、督脉的作用。临床上凡遇有因禀赋不足，或肾精不足者，用此类药物治疗后，均能达到较好的治疗效果。

2. 治学经历

1935年春，考入苏州国医学校，1937年卢沟桥事变后，苏州沦陷，学校被迫停办，转入上海中国医学院借读完成了学业。曾拜王慎轩老中医为师，王老是苏州有名的妇科专家，受其影响，行医也以妇科为主。曾在章次公、吴涵秋等名医处学习，颇有所得。毕业后在宁波桃江乡开诊。1944年元旦，由潘国贤、沈仲圭两位名中医介绍在重庆与中医师黄坚白结婚，婚后一起开诊行医。中华人民共和国成立后，在武汉市中医药联合改进会门诊部工作，1952年考进武汉市中医进修学校学习西医两年，从此奠定了在中医临床工作中积极汲取西医所长的学术特点。1955年调入中国中医研究院后，一直在从事妇科临床、科研与教学工作。

3. 师承关系

曾拜王慎轩为师。1982年获得首届博士研究生导师资格。培养学术继承人1名，博士研究生2名，协助钱伯煊老中医指导文革后第一届研究生魏子孝、邢洪钧、周铭心等研究生。

学术成就

著有《〈医宗金鉴·妇科心法要诀〉释》一书，并发表过多篇论文。

传承脉络

王慎轩、章次公、吴涵秋 → 傅方珍 → 岳开琴、马堃

马堃 → 金楠楠、范晓迪、金炫廷、单婧

供稿人：黄坤强

高健生

第四、五批全国老中医药专家学术经验继承工作指导老师

个人简介

高健生，男，1937 年 8 月出生，汉族，江苏省大丰县人。研究员，主任医师，博士生导师，博士后导师，中共党员，享受国务院政府特殊津贴。1963 年毕业于上海中医学院中医学专业。长期从事眼科临床工作。历任中国中医研究院广安门医院副院长、中国中医研究院眼科医院院长。曾任卫生部药典委员会委员，河南省中医院、河南中医学院第二附属医院眼科导师及客座教授，上海市中医紧缺专科临床人才班眼科导师（上海市卫生局），中央人民广播电台医药宣传顾问，北京中医药学会眼科专业委员会主任委员。现任国家中药品种保护评审委员会委员，国家食品药品监督管理局药品审评专家，《中国中医眼科杂志》副总编辑，中华中医药学会眼科分会前主任委员，国家自然科学基金委员会评审专家，河北省中医眼科研究所、邢台市眼科医院中医眼科学术带头人。

学术观点

1. 学术特色

研究总结了刘完素玄府学说是中医眼科内障眼病的病因病机的理论基础。论述了刘完素“ 玄府学说” 的物质属性及运动规律；从六方面阐述刘完素“玄府学说”中论“神”及“形神合一”的思想；详解了玄府学说中论“七情皆从火化”为病等。进行了“中医学辨证唯物论的探讨”，从传统中医理论凝炼升华为哲学思想。系统阐述了益气升阳举陷与益精升阴敛聚两大治疗法则，使其成为眼科学两大治疗法则。创立了交通心肾、早期益气养阴、中晚期温肾益精的治疗糖尿病视网膜病变的理论体系及经验方——“密蒙花方”，该方已获得国家专利，2010 年入选北京市首批“十病十药”项目。在辛凉发散法方中加川椒形成川椒方，治疗过敏性结膜炎取得良好疗效，已申报国家专利。益气固表，补肾托毒法治疗复发性病毒性角膜炎，取得很好的疗效。提出补气温肾法要防止“从阳化热”，特别是青少年患者长期服用，易出现早熟现象。对《银海精微》成书年代进行了考证，并对“八廓学说”及其临床意义进行系统阐述和评价。考证了银柴胡有明目益精的作用。

正本清源，勘误纠错：指出《原机启微》“强阳抟实阴之病”中“抟”讹为“搏”，并系统阐述了“抟”字的含义及在眼科临床中对于复杂内障眼病的指导意义；发现了六欲的医学定义及在临床上的指导意义，填补了《中医大辞典》和中医药教材等书中无“六欲”一词词义解释的空白；提出古籍五风内障中青风、绿风、黄风是根据角膜水肿程度轻重、瞳孔大小、白内障颜色深浅等不同对现代急性闭角型青光眼早中晚期三个阶段的描述；对部分中医眼科文献中将“高风雀目”与“肝虚雀目”混淆为同一疾病进行了辨误；考证《秘传眼科龙木论》是我国第一部眼科手术著作，我国最早的官办六大教材之一，并阐述了其临床指导意义。

2. 治学经历

1963 年从上海中医学院毕业后，分配到中国中医研究院广安门医院眼科，并参加了中国中医研究院第一届研究生班理论课程学习，1992 年到中国中医研究院眼科医院工作。他从事中医眼科临床与基础研究，至今已满 50 个春秋。早年跟随名师唐亮臣、韦文贵老师学习，后又跟随唐由之、刘孝书及高培质老师学习，奠定了深厚的中医功底。

学术成就

1. 论文论著

主编《眼科学习班讲义》、《金针拨障术大师黄庭镜》、《基层中医临证必读大系·眼科分册》等 3 部著作，副主编《中医外科康复疗法》、《中医眼科全书》、《视神经萎缩诊断与治疗》等 3 部著作，参与编写著作 19 部；发表《< 银海精微 > 成书年代考》、《明目地黄丸考证及应用—兼论益精升阴法》（一）和（二）、《论益气升阳举陷与益精升阴敛聚治法》、《眼科名老中医唐亮臣学术思想探讨》、《导读 < 秘传眼科龙木论 >》、《刘完素“玄府学说”及其对中医眼科学的指导意义》、《论”六欲”的医学含义及其在临床中的指导意义》等学术论文 70 余篇。

2. 获奖情况

获得国家科技进步奖 1 项，省部级奖 5 项，院所奖 3 项，发明专利 1 项。“密蒙花川芎对糖尿病视网膜病变血管内皮细胞增殖与凋亡的影响”分别获中国中医科学院科技进步奖二等奖、中华中医药学会科学技术奖三等奖、北京市科学技术奖三等奖，“中药防治非增殖期糖尿病视网膜病变临床研究”分别获中国中医科学院科技进步奖二等奖、中华中医药学会科学技术奖三等奖，并发明“一种治疗早期糖尿病视网膜病变的中药制剂”。“高健生名医工作室”被评为全国先进名医工作站。

传承脉络

高健生→
- 博士研究生→
  - 接传红→包银兰、李　游
  - 亢泽峰→王江辉、张　庆、田楠楠、刘彦江、张　月
  - 罗旭升、陈　晨、吴正正、刘绍燕、沈志华
- 硕士研究生→贺义恒、接传红、张丽霞、陈皆春、陈翠翠、栾兆倩、王　辉、李素毅、郭欣璐、魏彬彬
- 传承博士后→尹连荣、赵丹丹
- 学术传承人→
  - 宋剑涛→孟青青、徐黄杰
  - 杨　薇、张丽霞、严　京
- 师带徒→张殷健、吴永明、李　洁、张凤梅

供稿人：杨　薇

眼科医院

高荣林

第四批全国老中医药专家学术经验继承工作指导老师

个人简介

高荣林，男，1944年12月出生，汉族，天津市武清县人。主任医师，博士生导师，传承博士后导师，中共党员。享受国务院政府特殊津贴。北京中医药大学客座教授。1969年北京中医学院毕业，从事心系、肺系疾病的临床、科研和教育工作近40年。历任中国中医科学院广安门医院内三科主任、内六科主任、疑难病科主任。2012年国家中医药管理局批准成立高荣林名老中医传承工作室。现任国家食品药品监督管理局新药评审专家，中华医学会医疗事故鉴定专家，中华中医药学会内科分会委员，内科分会疑难病专业委员会副主任委员，世界中医药联合会睡眠医学专业委员会会长，风湿病专业委员会常务理事。

学术观点

1. 学术特色

师承国医大师路志正，熟谙中医经典，崇尚仲景学说和脾胃学说，重视人整体的协调统一，辨证注重脏腑关系，临床讲求权变调理，擅治内科心肺疾病、睡眠障碍、疑难病。

坚持在广安门医院这一中医临床基地多看病，多年来在内科年门诊人次名列前茅。总结了治疗感冒咳嗽的“白牛宣肺汤”、治疗哮喘的“桑麻平喘汤”、治疗心律失常的“甘苦宁心汤”、治疗心力衰竭的“桂苓强心汤”、治疗失眠的“温胆宁心汤”等验方。咳嗽的治疗，以宣肺散邪为第一要义。日久不愈，咳声重浊，咽喉作痒，为外邪未尽，仍要宣肺，投以“白牛宣肺汤”。治疗咳嗽要重视肝肺两脏关系的协调，阵咳呛咳，心烦急躁，甚则面赤汗出，脉左关弦滑者，责之肝侮肺逆，当兼治肝，疏肝、清肝、平肝，入柴胡、玫瑰花、黛蛤散、炒栀子、丹皮、白芍、钩藤等。治疗咳嗽，还要重视清肺、化痰、通腑。清肺用黄芩、生石膏、桑白皮之属；化痰用陈皮、半夏；痰热用胆星、瓜蒌；肺与大肠相表里，凡便秘、大便不畅者，佐以通腑，选熟军、火麻仁、槟榔等药。看病由专科向全科转换，从常见病向疑难病发展。

2. 治学经历

1969大学毕业到宁夏西吉县基层工作10年，1979年考取了中国中医研究院研究生班，1980年始随导师路志正临床，成为入室弟子。在广安门医院内科研究室，接触赵金铎、谢海洲、董建华、董德懋、巫君玉、赵绍琴、方和谦、步玉如、刘志明、焦树德等诸多名家，受益良多。50岁以后，涉猎《周易》、《论语》、《道德经》等。

学术成就

1. 论文论著

《名医荟萃救垂危》、《名老中医治学方法探讨》、《中医睡眠学说及其科学内涵》、《路志正调理脾胃法治疗胸痹300例临床观察报告》、《路志正调理脾胃法治疗胸痹经验的继承整理研究》、《冬温及其坏病探讨》、《路志正医林集腋》、《中医内科临床手册》、《中医睡眠医学》、《董德懋内科临床经验集》、《中国中医研究院广安门医院专家医案精选》、《中医湿病证治学》。

2. 获奖情况

“路志正调理脾胃法治疗胸痹经验的继承整理研究”获中国中医研究院科技进步奖三等奖、国家中医药管理局中医药基础研究二等奖。《中医症状鉴别诊断学》（第二版）（主编姚乃礼，任第二副主编）获中华中医学会科学技术奖学术著作奖二等奖。《中医睡眠医学》、《董德懋内科经验集》均获中华中医药学会科学技术奖学术著作奖三等奖。“路志正学术思想及临证经验研究”获中国中医科学院科技进步奖二等奖、中华中医药学会科技进步奖二等奖、北京市科技进步奖三等奖。《中医湿病证治学》（主编路志正，任第一副主编）获中华中医药学会科学技术著作奖一等奖。

传承脉络

路志正→高荣林→
- 学术继承人→
  - 卢建新
  - 章　波
- 博　士　后→　饶向荣
- 博士研究生→
  - 李　辉
  - 李方洁
  - 李　平
  - 朱　姝
- 硕士研究生→
  - 刘凯军
  - 刘宗莲
  - 张　予
  - 提桂香
  - 乔　治

供稿人：卢建新

耿鉴庭

第一批全国老中医药专家学术经验继承工作指导老师

个人简介

耿鉴庭（1915 年 10 月～ 1999 年 7 月），男，汉族，江苏扬州人。主任医师，农工党党员。享受国务院政府特殊津贴。1955 年作为名中医被卫生部征集进京组建卫生部中医研究院，后一直工作在西苑医院，在中医耳鼻喉临床、科研、教学、文献、考古等方面发挥了积极作用，为中医耳鼻喉事业的发展建立了不朽的功勋。曾任卫生部医学科学委员会委员，国家科委预防医学组常务委员，中华全国中医学会常务理事，中华医药学会医史学会副主任委员，《中华医史杂志》副总编辑，全国中医中心图书馆副馆长，中医古籍出版社副社长兼总编辑，中国中医研究院学术委员会委员、学位委员会委员，北京市人民政府专业顾问，国务院古籍整理出版规划小组顾问，《中国中西医结合耳鼻咽喉科杂志》名誉总编辑，中国自然科学史学会会员，中国海外交通史学会会员，中外关系史学会会员，中国科学技术史学会会员。

学术观点

1. 学术特色

扬州耿氏喉科有着丰富的诊疗经验，尤其在治疗喉科危、急、重症方面独树一帜。治疗急性会厌炎有高度成就，其家传“丹栀射郁汤”治疗急症关下喉痹，使大量患者免遭插管及气管切开之苦。在家传方剂的基础上，对急症关下喉痹进行了系统研究，论证了“一阴一阳结”是该病的基本病机，从处方用药，到含漱、外敷、吹药、针刺、擒拿按穴等外治方法无一不谨守病机。将家传治疗急性会厌炎的方法公之于众后，全国各地耳鼻喉科医生用此方均取得良好疗效，丹栀射郁汤现已成为治疗急性会厌炎的名方。

在治疗药物中毒性耳聋方面取得了可贵的成就，明确药物中毒性耳聋为虚实兼夹证，提出了补肾解毒的治疗大法，用药以黑豆、甘草解毒，骨碎补、山茱萸补益肝肾，目前广泛应用于临床。在鼻病治疗方面，著有《中医中药防治鼻病》一书，提出重视局部症状的辨证，如鼻涕的颜色与质地，并重视全身辨证，将局部辨证与全身辨证相结合，提倡病证结合，以提高临床疗效。在治疗上内外治并举，在口服中药的基础上配合熏鼻及热敷，并强调服用汤药后须被覆促发汗。创立了鼻科汤液十二法，即疏散利鼻法、清散畅鼻法、辛温燠鼻法、排脓清窦法、清气肃鼻法、消肿阔鼻法、滋阴润鼻法、御风健鼻法、解毒拔疔法、泻白靖鼻法、清火止衄法、育阴止衄法。鼻科汤液十二法并简化使用方法，其实用性强，方法简单，价格便宜，受到耳鼻喉科医生的广泛欢迎，为中医治疗鼻病奠定了良好的基础。

广泛涉猎文史，在文献目录、文字训诂和金石碑帖研究方面造诣精深。1958 年作为主要发起人之一，将全国 59 家图书馆珍藏的中医书编成第一部《全国中医图书联合目录》，作为国庆十周年献礼。改革开放后还主编了《广陵医籍丛刊》，宏扬扬州地方中医典籍。

70年代末，成立了中医古籍出版社，任副社长兼总编辑，为中医古籍整理出版作了大量工作，使中医孤本、善本的搜集整理编纂工作走上专业化、系统化的道路。

医史研究亦是其学术观点的重要组成部分。耿鉴庭研究医史始于30年代，以金石考古为基础进行医史学研究，发起了对蒙、藏医药学的研究，对道家丘处机的研究，对故宫博物院收藏医疗器具和医药档案的研究，对长沙马王堆一号汉墓医药文物及其女尸及河北满城中山靖王墓的现场考证，丰富了医史学的内容。对鉴真大师及其医学成就有深刻研究，70年代建立了鉴真纪念堂，著有《中日科技交流史上的鉴真》一书。

2. 治学经历

生于六代中医喉科世家，学贯中西，14岁完成儒学经典教育，后随父专习医学，18岁开始独立应诊。其父耿蕉麓为扬州著名儒医，幼承家学，20岁进入江苏省立医政学院（今南京医科大学）学习。1955年，调入组建中医研究院，成立西苑医院耳鼻喉科。

学术成就

50年来撰写医药历史论文150余篇，耳鼻咽喉科专业论文80余篇，著有《喉科正宗》、《咽喉科传灯录》等书，总结了耿氏六代的咽喉科治疗经验。

传承脉络

耿鉴庭→
- 李淑良→
  - 刘瑞娟
  - 夏仁慧
  - 刘　静
  - 李　蕾
- 刘慕伦

供稿人：刘　静

郭效宗

第一批全国老中医药专家学术经验继承工作指导老师

个人简介

郭效宗（1924年10月～1998年4月），男，汉族，甘肃会宁人。主任医师，中共党员、农工民主党员。享受国务院政府特殊津贴。从事针灸临床、教学及科研工作50年。历任主治医师、副主任医师、主任医师。曾任针法研究室主任、针灸所专家学术委员会委员职务。曾兼任北京中医药学术促进会历史，甘肃省定西地区顾问，安徽中医学院针灸研究所特约研究员，北京针法研究会委员，北京医院中西医结合治疗中心顾问，光明函授大学顾问兼中医传统饮食烹饪编纂委员会顾问等。

学术观点

1. 学术特色

在学术上，重视中医阴阳平衡整体观，强调辨证与辨病相结合，以病统症，重视脉诊。主张中西医结合，衷中参西，互相取长补短。治疗上对取穴方法和针刺手法的研究独具匠心。根据中西医理论创立了“人体分区化纤定点”的有效点治疗规律。并总结简便实用的六种针刺手法、短针、皮下留针、火针、点穴导气等调节阴阳自成体系的独特学术思想和理论，重视药膳和食疗等综合治疗方法，为针灸学的发展开辟了一条新途径。在提高针灸疗效方面独树一帜，为针灸事业发展做出了巨大贡献。

2. 治学经历

自幼师从当地名医学习中医针灸，1948年通过中西医考核正式从事医疗工作。1952年在北京中央卫生部针灸疗法实验所进修针灸后留所工作。1956年再次深造于中华医学会西学中班。多次获得“五好职工”、“优秀职工”、“优秀党员”等荣誉称号。从医五十年，刻苦好学、博览群书。师古不泥余古，勇于创新探索。始终立足于临床，勤于实践，博采众长，擅长针灸，医术精湛，形成自己独特的诊疗经验和针刺手法，在国内外均享有盛誉。求医者甚众，治疗患者无数，且深受病患赞誉。他不但医术精湛，还有崇高的医德，对病人不论贫富及职位高低，均一视同仁，认真诊治，有求必应，从不收礼。教育后学，医生职责只有解除病人痛苦，绝不能有其他特权，他严谨治学，高尚医德医风，为后学树立了良好榜样。

他一生热爱针灸教育事业，治学严谨，言传身教，从不保守。曾执教于红十字会针灸专家团、中央卫生部学习班、结核病研究所针灸班、北京医院、协和医院、解放军总医院等。行医教学几十年，带教国内外学员无以计数。他认为学习针灸要以《内经》有关著作为指导，以《针灸甲乙经》为基础，多看书多实践，才能将书本知识变成自己的东西。他重视中西医结合，认为把现代医学微观法与传统医学宏观整体观念相结合，刻苦钻研，不断实践，才能不断提高自己的诊疗水平。

学术成就

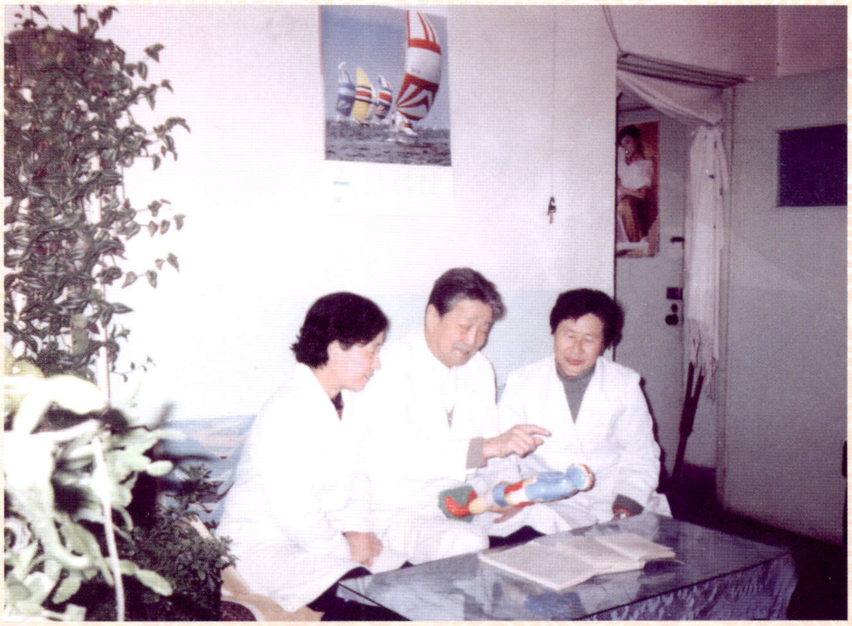

在临床研究方面，进行了“针刺治疗良性甲状腺结”等课题研究，曾两次获院级成果奖，新华社对此成果做了相关报道，其研究论文发表在《美国针灸》杂志上。采用针刺治疗器质性疾患并取得良好疗效，引起国际医学界的高度重视，因此被邀请参加国内外各种大型针灸学术会议和医疗学术活动。曾先后赴比利时、荷兰、日本等国家从事讲学和医疗活动。他独特的学术报告、娴熟的针刺手法表演以及精湛的医术，深得学术界广泛的好评。曾在国内外有影响的杂志上发表论文数十篇，并著有《针灸有效点图解》、《针灸临床治疗歌诀》、《针灸有效点理论与临床机理》等著作，在国内外颇有影响。

曾培养硕士研究生两名，师带徒学生两名。一生从事针灸事业，为针灸教学及临床做出了贡献，是德高望重的老前辈之一，为推动我国针灸事业发展、扩大国际影响，建立了不朽功绩。

传承脉络

郭效宗→
- 学术经验继承人：王秀馥、张跃华
- 硕　士：孙　儒、张文仙

供稿人：王秀馥

胡荫奇

第三、四、五批全国老中医药专家学术经验继承工作指导老师

个人简介

胡荫奇，男，1943 年 9 月出生，汉族，北京市人。主任医师，博士生导师，中共党员，享受国务院政府特殊津贴。中国中医科学院学术委员会委员，中国中医科学院风湿类疾病学科带头人。1968 年毕业于北京中医学院中医系，1981 年毕业于中国中医研究院研究生部，获硕士学位。从事中医内科风湿类疾病的临床、科研和教育工作 40 余年。历任中国中医科学院广安门医院院办主任、医务处处长、中国中医科学院望京医院医院院长兼中国中医科学院骨伤研究所所长。现任中华中医药学会风湿病分会副主任委员，中华中医药学会内科学会常委，中国老教授学会医药专业委员会委员，北京中医药学会风湿病分会主任委员，北京中医内科学会主任委员，全国高等院校继续教育委员会理事，国家新药评审委员会委员，北京市新药和制剂评审委员会委员等。

学术观点

1. 学术特色

从医 40 余年来对中医内科杂病及疑难病诊断治疗积累了一定经验，尤其在风湿类疾病领域，如类风湿性关节炎、强直性脊柱炎、骨关节炎、干燥综合征、白塞氏病、系统性红斑狼疮等疑难病诊治，运用中西医结合方法，突出中医药特色和优势。学术观点包括：风湿病诊断的规范化——提出中医风湿病的三级诊断模式；风湿病活动期多从湿热毒瘀论治；反复发作的风湿病从伏邪论治；临床诊断痹病时应病证结合、以病统证、分期制宜；治疗痹病应辨证论治，以证候为核心；临床辨证应宏观辨证与微观指标有机结合。

2. 治学经历

曾师从现代中医药大师谢海洲及国医大师路志正，注重医学经典的学习及本草学研究。对中医风湿病的研究注重溯本求源，众多医籍中以《黄帝内经》、《伤寒杂病论》、《诸病源候论》、《温病条辨》、《医林改错》、《医宗金鉴》等对中医风湿病学理法方药的形成和完善起重要作用。通过对这些古籍的研究，同时研读《谢海洲医学文集》、《谢海洲医案精选》、《医药丛谈》（谢海洲）、《路志正医林集腋》、《痹病论治学》（路志正）等著作，经过临床实践逐渐形成了自己治疗风湿病的经验特点。在国内与路志正、焦树德等知名专家一道率先提出了中医痹病（风湿类疾病）的命名、中医痹病的概念与外延的规范化及与西医风湿免疫类疾病的相关性问题，得到了全国同道的认可，并在临床与科研工作中予以采纳。经过临床实践逐步形成以疾病诊断为纲，二级病名、证候诊断为目的中医风湿病三级诊断模式。通过对中医、中西医结合和西医不同的治疗手段进行比较分析，针对不同病种的临床表现特点，提出以病证结合为基础突出中医药优势的诊疗辨证用药的思路与方法。在临床治疗风湿病时主张中医辨证施治与辨病施治相结合，即在中医辨证用药的基础上，选用一些经现代药理研究证实对风湿病具有针对性治疗作用的药物，明显提高了临床治疗效果。

学术成就

1. 论文著作

先后发表《痹证三方治疗类风湿性关节炎临床与实验研究》、《风湿安冲剂治疗类风湿性关节炎的临床与实验研究》、《中医科研思路与方法的再提高》、《风湿类疾病的中医证候研究》、《753 例类风湿性关节炎的流行病学调查与类风湿性关节炎证候规范研究》、《清热解毒法治疗类风湿性关节炎的临床研究》、《中药新药研究中医学研究的思路与方法》、《风湿类疾病中医科研思路与方法》、《谢海州老中医的学术思想及关于中医学传变理论的研究》等 10 余篇论文。

主编《实用中医风湿病学》、《痹病古今名家验案全析》、《风湿病临床常用中草药指南》、《风湿性疾病诊断治疗指南》、《简明中西医结合风湿病学》等著作 10 余部。其中《实用中医风湿病学》1998 年获国家中医药管理局基础理论三等奖。《痹病古今名家医案全析》获 2005 年度中华中医药学会科技进步奖优秀著作奖。

2. 获奖情况

《电子计算机模拟老中医经验的研究》获 1984 年获中医研究院科技成果三等奖，《痹证系列药研究》获 1987 年获卫生部孙氏医药三等奖，《复方双花口服液的临床研究》获 1992 年获北京市科技进步奖二等奖，《痹病类风湿性关节炎从络辨治寒热机理》获 2002 年北京市科技进步奖二等奖，《SARS 鉴别诊断与早期证候特征》获北京中医局优秀科研论文，《类风湿性关节炎中医证候现代研究》2005 年获北京市科技进步奖三等奖，《早期类风湿性关节炎证候中自身抗体表达特征》2006 年获中医研究院科技成果三等奖，《早期类风湿性关节炎证候中自身抗体表达特征》2007 年获中华中医药学会科技成果三等奖。

传承脉络

谢海洲、路志正 → 胡荫奇 →
- 李　征、刘燊仡
- 王义军 → 李清润、王　磊、徐立伟
- 唐先平 → 陶秋莲、杨　丹、傅晓乐

供稿人：王义军

望京医院

姜廷良

第五批全国老中医药专家学术经验继承工作指导老师

个人简介

姜廷良，男，汉族，1933年6月出生，浙江余姚市人。研究员，博士生导师，博士后导师，中共党员。中国中医科学院首席研究员，北京、成都、广州、吉林等地中医药大学、中医药研究院客座教授、客座研究员。现在中国中医科学院中药研究所唐氏中药研究中心工作。历任中国中医科学院中药研究所研究组长、中药药理研究室副主任、中药研究所所长、唐氏中药研究中心主任。曾于1980年～1982年在美国亚利桑那大学肿瘤中心作访问学者，1998年在香港科技大学生物学系做访问学者。兼任世界卫生组织传统医学合作中心主任，中华人民共和国药典委员会委员，国家预防和控制艾滋病专家委员会委员，国家科技进步奖和发明奖学科评审专家，国家自然科学基金委中医中药学科评审组成员，中国中西医结合学会常务理事兼中药研究专业委员会主任委员，名誉主任委员，中国保健科学会专家。美国Am. J. Chin. Med、韩国Oriental Pharm. &Exp. Med杂志编委，《中国实验方剂学杂志》主编，《中国临床药理学与治疗学》等8种杂志编委。

学术观点

长期从事中药及其方剂的基础与临床研究，是“正气内存，邪不可干”的坚定倡导者和践行者之一，早在20世纪70年代初期，就提出“正虚”是肿瘤等疾病发生发展的生物学基础，并在世界卫生组织项目的资助下，开展了六味地黄丸等传统经典补益方剂对食管癌防治作用的研究。该项目研究成果于1990年获国家科技进步奖三等奖。

基于长期的中医药基础和实践的科研积累，通过对中西药物基本特征的比较，提出：中药由活性物质群构成，活性物质群按一定规律配伍组合，通过多靶点、多途径经整合发挥作用；是中药的一种主要的基本作用方式，有别于西药的对抗模式；并将中药的特色和优势，简洁地归纳为“方剂应用”、“调整机制”、“整合效应”。1997年他提议将中药方剂的作用机理和物质基础列为中药现代化关键问题的基础研究，获有关部门批准。为阐明中药的整合调节作用和分子机理，他所领衔的课题组曾以“活性物质群”为研究对象，以经典名方桂枝汤为突破口，展开了系列研究，取得了令人瞩目的研究成果。

面对中医动物模型复制中诸多难以逾越的技术屏障和中医药研究中的关键科学问题，近年创见性地提出了采用临床病人血清在体外建立基于细胞水平的病证结合模型的设想，并获得了国家自然科学基金重大研究计划项目的资助，目前已尝试搭建了外感风寒和风热证的体外研究平台，结合血清药理学方法对桂枝汤、麻黄汤、银翘散和桑菊饮等进行了方证相应研究，所取得的实验结果和研究结论得到了国家自然科学基金委和同行们的认可和肯定。

在中药药理研究方法上，认为既应充分及时地借鉴现代科技方法，大力实施“拿来主义”，也应改进改良，以适应中药研究需要。

要将生物日周节律余弦曲线表达和中药作用影响、中药含药血清体外实验应用的倡导者。他还是卫生部“中药注射剂研制指导原则”、中国21世纪议程优先项目计划“具有医药用途的濒危野生动物保护和代用品开发”和配方颗粒研制的主要起草者或建议人之一。

1962年毕业于上海第一医学院医疗系，获医学学士学位；1963至1965年，在上海第一医学院病生理学专业攻读研究生，师从我国著名的病生理学和血液学专家朱益栋教授，这为其日后从事中医药研究奠定了坚实的现代医学基础。怀着对中医药浓厚的兴趣，他大学期间即开始接触和学习中医药的基本理论，课余时间经常翻阅《黄帝内经》、《神农本草经》、《伤寒论》等中医药经典名著，至今仍然保持着研习中医药古籍的良好习惯，有些经典名句仍能脱口而出。

为人谦逊、和蔼，学识渊博，缜密严谨，且诲人不倦，常告诫弟子们：“要少说多做、大胆假设、小心求证，对于中医药的研究要与时俱进，及时跟进现代科学发展的脚步，充分利用新技术和新方法”。他本人虽然已近耄耋之年，却仍然坚持奋斗在科研工作岗位上，不断关注现代生物医学的最新进展和前沿动态。凭借着敏锐的科研思维和对中医药深邃的悟性和独到的认识，努力攀登着中医药研究的制高点。

中药研究所

学术成就

在几十年的工作中，积累了比较丰富的科研工作经验，形成了自己的中医药研究思路和方法。曾作为国家“九五”攀登项目两个首席专家之一，组织全国有关单位实施，经国家科技部专家组验收，达领先水平。先后承担WHO合作研究、国家攻关、国家自然科学基金重点等科研项目多项，在国内外发表各类学术论文200余篇，SCI收录20余篇，参编专著9部，获得新药证书4个、专利多项；获国家科技进步奖一项，省、部、局级一、二等奖四项，各级国际和国内民间奖各一项，以及其他各级奖项十余项；培养博士和硕士研究生近20人，博士后5人，传承弟子2人。

传承脉络

朱益栋→姜廷良→
- 学术经验继承人：隋　峰、李沧海
- 博士后：霍海如、齐　云、周　军、刘洪斌、隋　峰
- 博士及硕士：谭余庆等20余人

供稿人：隋　峰、李沧海

孔令诩

第二批全国老中医药专家学术经验继承工作指导老师

个人简介

孔令诩，男，1939年10月出生，汉族，北京人。主任医师，研究生导师，九三学社社员。1964年毕业于北京中医学院中医专业，获学士学位，从事中医临床、科研工作近50年。曾任中国中医科学院专家委员会委员、中国中医科学院中医基础理论研究所养生研究室主任、中国中医药学会中医基础理论专业委员会委员、中国孔伯华学术研究会副秘书长等。

学术观点

1. 学术特色

实践出真知，数十年如一日，临诊不辍，理论基础扎实，临床经验丰富，诊断细致入微，辨证准确，用药精当。在接受系统中医学教育的同时，秉承孔伯华医学流派之家传，在临证实践中不断形成自己的学术特点和用药经验。其学术特点如下：

方从法立，何惧“有药无方”。在认证准确、治法确定的前提下，认为方药可以灵活多变，不必拘泥于古方经方而一成不变，也不必非要以古方为主加减。古人处方，乃示人以组方之规矩。社会在发展，病种在演变，每位患者的情况更是千差万别，非要死守古方去对号入座，则难免有刻舟求剑之嫌。方证相应是在辨证论治纯熟的基础上的高度概括，必须认证准确，方证对应，丝丝入扣，中间必须有治法确定的重要环节。越过治法，直接按照方剂去对号入座，甚至片面地抓住古人经典中的某一句话而不顾其他，则没有真正理解仲景“随证治之”的含义。

治病求中，不管方大方小。中医历来有“药专效宏”之说，但那是针对较为单纯的病情或者“急则治其标”的情况而言的。临床是千变万化、错综复杂的。临床上，更多的情况则是，同一位患者可以患两种以上的疾病，而证更是可以虚实夹杂、寒热互见。他常强调对于复杂的病情，治疗有时需分先后，有时则宜兼顾。务须细心揣摩，甚至不断调整，方可渐渐药病相符。治疗那些复杂的疾病，有时需要数法同治，照顾面较广，药味有时自然也就多一些。只要病情复杂，需要“治内伤如相，坐镇从容”时，该用大方就尽管用之。大方小方、药味多寡当随具体病情而定，《温病条辨》中就有“有制之师不畏多，无制之师少亦乱”之说。治疗杂病，常常采用数法同治的方法，治法杂，药物自然也杂，但只要认证准确，治法得当，杂而不乱，自然就会收到满意的疗效。

剂型灵活，方便患者为上。市售有限的中成药品种远远不能满足中医临床应用的需要，辨证论治的灵活性决定了要想取得满意的疗效，大多数情况下仍以饮片配伍为佳，但是，由于种种原因，有时患者不能服用汤药，而又没有较为合适的中成药可以选用，此时可以为患者选择一种较为合适的剂型，嘱患者去药店照方加工，总以方便患者为上。如上焦有火，心肺热盛者，常常选用轻清之花药，如金银花、野菊花、槐花、合欢花等开水冲泡，代茶服用。对于一些需要长期较长时间服药的病人来说，一种是病情不稳而易变的，以汤剂为宜，可以随机应变。一种是病势难于速效而变动不多，应以守方长服为好者，而丸剂正符合其需要，且有利于病人长期坚持服用，持之以恒，可达目的。

不媚世俗，补药不可轻用。自古以来，人们就有喜好滋补的习惯，但是，中医之补法补药，乃为虚人虚证而设，乃为形、精等不足而设，补剂用以补虚，无虚切勿妄补。两点尤其要引起注意：一是年壮气实未可补。明代著名医家张景岳就强调过“年壮气实未可补”，因为年壮气实之体，形气俱充，动辄进补，则犯“实实”之诫。年壮之人，即使患病，也少虚证，慎用补药，以免留患。其二，免疫力低下不等于虚证。很多疾病特别是肿瘤等疑难重症，在西医讲确属免疫力低下，众多患者甚至部分大夫认为既然免疫力低下，就当服用补药，无形中将免疫力低下等同于中医的虚证。如此，人参、黄芪、冬虫夏草、灵芝、阿胶等补益阴阳气血之各类药品、保健品便理所当然地在首选之列。殊不知，免疫力低下未必属于中医的虚证，二者是截然不同的两个概念，提高免疫力也未必一定要用补药，若南辕北辙，误用补药，虽也可一时收功，然犯“实实”之诫，终致病情更甚，甚至可以发生“人参杀人无过”的悲剧。“有是证即用是药”是中医的精髓，补药可以提高免疫力，清热利湿、活血化瘀等方药同样可以提高免疫力，要“观其脉证，知犯何逆，随证治之”，千万不要跟着西医病名走，也不可混同中西医名词。

2. 治学经历

1964 年毕业于北京中医学院，后在长春临诊治学二十一载，20 世纪 80 年代中期调任于中国中医研究院（现中国中医科学院）基础理论研究所，临床实践的同时，从事中医基础理论研究。

3. 师承关系

秉承家学，其祖父孔伯华是北京四大名医之一，其父孔祥琳家学渊源，亦曾为多位国家领导人诊治。孔氏除得到了祖传外，还在临床上进一步发挥钻研，在治疗上逐渐形成了独特的风格。

学术成就

一直躬耕于临床一线，代表性论文论著包括《孔令诩临床四诊运用举隅》、《孔令诩遣方用药经验》等。先后培养传承人及学生数十名。

传承脉络

孔伯华→孔祥琳及孔门医学传人→孔令诩→
- 张雪亮
- 彭　锦
- 罗卫芳
- 杨　杰
- 孔　晶
- 唐仕欢

供稿人：唐仕欢

李传杰

第三批全国老中医药专家学术经验继承工作指导老师

个人简介

李传杰，男，1928 年 11 月出生，汉族，吉林省通榆县人。主任医师，研究生导师，中共党员。1992 年享受国务院政府特殊津贴。中国中医科学院资深研究员。1950 年毕业于哈尔滨医科大学临床医疗专业，从事中西医结合针灸治疗心血管系统疾病的临床、教学、科研 60 多年，历任中国中医科学院针灸研究所消化研究室主任和心血管研究室主任，中华医学会理事，中国针灸学会临床研究会理事，罗马尼亚针灸学会名誉理事，两次担任世界卫生组织传统医学顾问，曾任中日国际针灸推拿诊所中方代表。

学术观点

1. 学术特色

在心血管病的诊治方面颇有建树，主要应用中西医结合和针药结合的方法。中西医结合诊治疾病并不是简单的中药加西药治疗，其中西医结合的学术思想体现在对疾病的诊断、治疗等多个方面。在诊断方面，强调辨病与辨证相结合，宏观辨证与微观辨证相结合。在治疗方面，一方面充分鼓励患者应用西医药及一切先进的治疗方法积极治疗心血管疾病，不排斥、不保守；另一方面积极应用中药和针灸结合治疗，根据病情需要或针、或灸、或服中药、或者针灸和中药同时应用。

最欣赏的中医药学家是张仲景。最喜欢读的中医药著作是《伤寒论》、《金匮要略》和《医宗金鉴》。印象最深的格言是“中医主要千古之迷，即中药的用量”。最常用的处方是泻心汤、香砂六君汤、瓜蒌薤白汤、补阳还五汤和龙胆泻肝汤。最常用的中药是党参、黄芪、红花、水蛭、苦参、白藓皮、黄连、黄芩。对中医药事业发展的建议是：重点研究辨证论治，结合临床疗效进行疗效机理的探讨，进一步发扬祖国医学遗产。

2. 治学经历

1948 年 2 月参加中国人民解放军第七纵队医务学校学习，毕业后被保送至哈尔滨医科大学深造，1950 年毕业，同年参加抗美援朝。1954 年调到哈尔滨市立第二医院内科任医师。1955 年 10 月参加卫生部中国中医研究院（现中国中医科学院）全国第一期西医学习中医研究班学习，毕业后到中国中医研究院针灸研究所工作至今。1958 年拜孙振寰老中医为师，针药并用，开展临床工作。曾任主治医师、副主任医师、主任医师。20 世纪 60 年代初期，在山西稷山筹建中医研究院稷山分院。曾多次出国为外国领导人进行医疗保健，并在前南斯拉夫、菲律宾成功举办了针灸学习班。在国内为针灸研究所国际培训中心授课，弘扬祖国医学，受到国际友人的好评。1987 年 2 月，应邀参加了菲律宾卫生部举办的针灸研讨会。

学术成就

1. 论文论著

发表《针刺对急性心梗病人微循环的影响》、《针刺对急性心梗病人左心功能及 CAMP 和 CGMP 的影响》、《针刺治疗冠心病心绞痛 631 例疗效观察》、《针刺治疗冠心病心绞痛 178 例疗效观察》等学术论文 30 余篇。出版《针灸学简编》、《针灸学》、《针刺治疗冠心病心绞痛验例简介—临床验集》、《全国针灸专长班教材》等论著。

2. 获奖情况

60 年代中期，主持在海南岛进行针刺治疗疟疾疾病的研究，并荣获卫生部、总后卫生部、国家医药总局联合颁发的优秀科研组称号；主持针刺对冠心病的临床及实验研究，并获卫生部乙级成果奖；与张金泉合作进行针刺对胃下垂的研究，荣获中国中医研究院科研成果三等奖；与郭效宗老中医合作进行的针刺治疗甲状腺良性结节的研究，荣获中国中医研究院科研成果三等奖。

传承脉络

孙振寰→李传杰→曹建萍

供稿人：曹建萍

李光荣

第三批全国老中医药专家学术经验继承工作指导老师

个人简介

李光荣，女，1935年6月出生，汉族，北京人。主任医师，博士生导师，传承博士后导师，农工民主党党员，享受国务院政府特殊津贴。中国中医科学院资深研究员，中国中医科学院学位委员会委员。1963年毕业于北京中医学院。中医学专业，获学士学位。历任中国中医科学院广安门医院妇科主任，第九、十届全国政协委员，国家药典委员会委员，国家食品药品监督管理局新药评审专家，中国中医药急症学会委员，北京中西医结合学会妇产科学会副主任委员，《国家中医药年鉴》编委等。现任世界中医药学会联合会妇科专业委员会顾问。

学术观点

1. 学术特色

病因病机上，提出妇女发病多虚、多郁、多瘀。妇女经带胎产，均以血为本，以气为用，易耗伤阴血，损伤正气，故妇人为病“多虚”。外感六淫，能使气血运行失常，脏腑功能失司而出现妇科疾病，寒、热、湿更易与血相搏而导致妇科诸疾。如寒邪收引凝涩，易伤阳气，阻遏气机，血脉凝滞而瘀血内生。热邪耗气伤津，易动血而迫血妄行。湿邪重浊腻滞，阻遏气机，血脉凝滞。妇女的性格特点为多思多忧，易郁易怒。七情郁结，气机不畅而出现郁证，故妇人为病“多郁”、“多瘀”。气郁日久导致气滞血瘀，或气虚不能行血，或血亏血行不利。气机贵在调达，气血贵在充盛，血脉贵在温通。

治则上，着重调理肝脾肾，强调脏腑论治，重视肝脾肾同调。妇女以经调为常，月经不调，则病变百出。妇女以血为本，血旺则经调。而血的生成、运行与五脏都有关系。《景岳全书·妇人规》言：“经血为水谷精气，……其源源而来，生化于脾，总统于心，藏受于肝，宣布于肺，施泄于肾。”然五脏之中，月经与肝脾肾关系更为密切。脏腑安和，气血则能充实。若或调摄不慎，七情伤肝，饮食劳倦损脾，房事不慎耗肾，致肝脾肾失调，经源匮乏，经水疏降失常，精血闭藏统摄失司，以致经事紊乱，诸疾纷起，故治疗妇科疾病重视协调脏腑之气。

用药上，勤于思考，勇于创新。如人参与五灵脂是“十九畏”中相畏之药，为用药所忌。人参为补气要药，五灵脂有化瘀止血的功效，用于治疗气虚血瘀的血崩甚为合适。将两药加大剂量放在复方中，亲自煎尝，并无不适，便大胆用于临床，获得良效。香附理气疏肝，治疗乳房胀痛有很好疗效，但有些患者服后胃脘不适。自己煎尝验证后，又查阅书籍，认为香附理气力强，易耗伤正气，宜配伍黄芪等健脾益气之品。

临证时，根据《外科正宗》“三品一条枪”和“子宫丸”加减，历经6次失败研制而成的宫颈Ⅰ号栓，具有清热燥湿、祛腐生肌、

偎脓长肉的独特功效。临床治疗宫颈上皮内瘤变患者68例(其中宫颈原位癌4例),总有效率达98.64%;宫颈重度糜烂患者457例,总有效率为98.68%。打破历代保胎禁忌,提出活血化瘀保胎,活血化瘀三型论治子宫内膜异位症。认为“髓海失司”为多囊卵巢综合症发病原因,并承担国家科委973课题“多囊卵巢综合症的病因学研究”。

2. 治学经历

1963年北京中医学院大学毕业,同年分配到广安门医院肿瘤科。自1960年始,致力于宫颈病变的研究。1968年,作为主要创始人,倡导成立广安门医院妇科。

3. 师承关系

先后跟从王赫焉、刘奉五等著名老中医学习,并经常向蒲辅周等老中医虚心请教,深得其学术精髓。现已培养硕士生7名,博士生5名,师带徒2名,传承博士后2名。

学术成就

1. 论文论著

李光荣主任先后发表《中医药治疗卵巢癌腹水21例分析》、《宫颈Ⅰ号栓阻断宫颈癌发生机理研究》、《10味间糜栓阻断宫颈癌发生的临床及实验研究 》等论文。

2. 获奖情况

李光荣主任主持的课题“宫颈Ⅰ号栓治疗宫颈间变和宫颈重度糜烂的临床与实验研究”、“宫颈Ⅰ号栓宫颈癌阻断的研究”,分别获得中国中医科学院科技进步奖二等奖、国家中医药管理局科技进步奖三等奖。

传承脉络

李光荣→
- 国家中医药管理局第三批名老中医师带徒→
  - 赵瑞华→
    - 硕　　士:李晶秋、任志珍、权玉巧、杨艳环、崔雅坤、郑　彦、王舒婷、张　娟、张会申、余燚薇、安丹丹、吴天思
    - 七年制硕士:孙伟伟、武　颖、李　芳、徐　彩、刘　永、桑晓庆
  - 艾　莉
- 博士后→
  - 陈瑞雪→七年制硕士:卜晓玲、隋　娟、允小巧、梁　照、谢丽芬
  - 郭永红→七年制硕士:龚　茜
- 博　士→
  - 刘新敏→七年制硕士:刘　睿、马　兰
  - 丁永芬、曾　玲、王　燕
- 硕　士→蒋　俭、刘　弘、马承志、刘　莹、艾　莉
- 七年制硕士→王　莹

供稿人:赵瑞华

李淑良

第二、三、四批全国老中医药专家学术经验继承工作指导老师

个人简介

李淑良，男，1938 年 1 月出生，汉族，北京人。主任医师，博士生导师，传承博士后导师，中共党员，享受国务院政府特殊津贴。中国中医科学院学术委员会委员。1963 年毕业于北京中医学院，获得学士学位，从事中医耳鼻喉科临床、科研和教学工作近 50 年。曾任耳鼻喉科主任，中华人民共和国药典委员会委员，中华中医药学会耳鼻喉科分会主任委员，世界中医药学会联合会耳鼻喉口腔科专业委员会会长，国家食品药品监督管理局中药品种保护审评委员会委员。现任国家食品药品监督管理局新药审评委员会委员，北京市药品审评委员会委员，中央保健局会诊专家，国家医疗事故鉴定委员会委员，中国人民解放军医疗事故鉴定委员会委员，中华中医药学会耳鼻喉分会名誉主任委员，世界中医药学会联合会耳鼻喉口腔科专业委员会名誉会长，《中医耳鼻喉研究》杂志总编，《世界中医药》、《中国中医急症》等期刊编委。

学术观点

1. 学术特色

在近半个世纪的悬壶生涯中，积累了丰富的临床经验，形成了一整套辨治耳鼻喉科疾病的思路，并验之于临床。其学术观点主要体现在：重视整体观念，主要包括耳、鼻、咽、喉一体的局部整体观念，耳鼻咽喉局部与全身相统一的整体观念，机体与社会、周围环境的整体观念；重视耳鼻咽喉局部辨证与全身辨证相结合，局部辨证包括耳、鼻、咽、喉局部的体征及舌象脉象；在辨治中重视恒动观；重视正虚在中老年患者耳鼻喉病中的作用，注意从脾胃、肾、肝的角度论治中老年耳鼻喉病，重视扶正"治形"在中老年耳鼻喉疾病辨治中的作用。

总结长期临床实践经验，形成了较为独特的学术观点，主要包括：咽喉病的"风邪为患"病机学说。风邪留恋咽喉是咽喉病的重要病机之一，以及由此引申的咽喉病初始治疗阶段以"散风为先"的原则；"正气存内，邪不可干，邪之所凑，其气必虚"是咽喉肿瘤的根本原因，肿瘤的病机特点是正气亏虚，或虚中挟实，虚实夹杂，治疗咽喉肿瘤重视扶正，兼以祛邪；痰浊结聚是咽喉病的重要病机，对于有形之邪结聚的息肉、增生等病变，痰浊结聚更是如此，咽喉病治疗重视化痰、祛痰；提出并阐述了"耳聋治肺"的理论及治疗原则，认为肺气不宣、肺失清肃、肺气亏虚、肺阴不足等皆可导致耳病，从肺论治耳聋体现在或祛邪、或扶正，祛邪以宣肺散邪为主，扶正以补肺气、益肺阴为要，为部分耳聋的治疗开拓了思路；暴聋的病机为多因素致病，病变脏腑以肝、肺为主，病变涉及气、血、痰等，暴聋多从肝肺论治；鼻病多从肺脾论治，慢性鼻病以"培土生金"为最常用治法，鼻塞涕黄者，多从肺热论治为主；对大前庭水管综合征等疑难杂症则从病证结合的角度进行论治。

李淑良认为，中医治病重在调理，通过用药调整患者的阴阳偏颇，调动自身的积极性，利用自身的正气，促使疾病向愈。用药是治疗的关键。其用药特点主要表现在：用药轻灵，多用轻清上浮、特殊归经的引经药，强调用药的适中原则，治疗时始终注意顾护脾胃，注意顺应脾胃特性，尤以顺脾性为要。

2. 治学经历

1958 年进入北京中医学院中医专业学习，师从张志纯、胡希恕等大家。张志纯先生（1900 ～ 1977）作为李淑良的中医启蒙老师，其深厚的中医理论功底、精湛的医术、充满魅力的人格力量，使他坚定了从事中医、发扬中医的宏愿。张志纯的毕业赠言“师古师今师博览，友直友谅友多闻”也就成为李淑良在工作、生活中的座右铭。师从胡希恕先生（1899 ～ 1984）使他对《伤寒论》有了深度解读，为其日后的临床奠定了坚实的基础。1963 年分配至西苑医院耳鼻喉科后，师从耿鉴庭先生。耿鉴庭出身六世喉科世家，在喉、鼻、耳科、医史、文献、考古等方面多有建树，他对李淑良在中医耳鼻喉专业的影响是全面的，他的丹栀射郁汤、二子二石汤等都是李淑良至今仍在临床使用的方剂。

学术成就

撰写论文 20 余篇、著作近 30 部，如《中医症状鉴别诊断学》、《中医证候鉴别诊断学》、《中国基本中成药（一部）》、《中国基本中成药（二部）》、《中医耳鼻喉》、《实用中西医临床诊断治疗学》、《中医老年病学》等，为中医耳鼻喉知识的传播做出了贡献。曾多次获得优秀工作者、优秀党员、保健工作先进个人等奖励。

传承脉络

耿鉴庭→李淑良→
- 刘瑞娟
- 夏仁慧
- 刘　静
- 李　蕾

供稿人：刘　静

李维贤

第三、四批全国老中医药专家学术经验继承工作指导老师

个人简介

李维贤，男，1937年6月出生，汉族，吉林省四平市人，研究员，中共党员，享受国务院政府特殊津贴。中国中医研究院学位委员会委员。1964年毕业于北京中医学院中医专业，从事中医基础理论与临床研究50余年。先后任黑龙江省祖国医药研究所妇科研究室主任，黑龙江省中医妇科学术专家委员会主任。曾任中国中医研究院中医基础理论研究所藏象研究室主任、脑病研究室主任，中国中医科学院中医基础理论研究所所长。中国传统医学医疗教育中心副理事长兼深圳大学教授。

学术观点

1. 学术特色

内伤病重视脏腑、气血、津液，外感病重视五运六气。

重视肝肾。肝为藏血之脏，性喜条达；肾通诸经之血，主藏精而系胞，又为冲任之本。肝肾相互为用。滋肝补肾为治疗妇科病的治本大法。对于妇科病，常宗法傅青主。用方、用药、用量谨遵其旨。“经水出诸肾”，故调补肾之阴阳为月经病治本之法。不孕关乎肾阳虚，故补肾亦是治本之法。不孕常与月经不调相伴，故调经即助，大法相同。关于女性更年期综合征，认为肝肾阴虚为其主要病机，滋补肝肾，凉肝清热是其治疗大法。

重视脾胃。脾胃是后天之本，脾胃健则正气足，则不易罹患疾病。重视调气血，气血调和，则诸脏安和，经脉通畅，疾病易痊。因此，调和脾胃、调和气血是治疗妇科病的常用治法。

重视五运六气。认为时令病与五运六气关系密切，因此，每当年初之时，便对来年的运气进行分析，制定相应的治疗策略。

辨证首重病因病机，治疗以整体、带局部。临床上重视病因，推崇“欲疗病先察其源，先候病机。五脏未虚，六腑未竭，血脉未乱，精神未散，服药必活。若病势已成，可得半愈。病势已过，命将难全”（见《本经·序例》）。认为内因是发病的关键，疾病的发生、发展、预后，起主导作用的是正气而不是邪气。治疗上，主张立足整体调理局部，反对“头痛医头，脚痛医脚”。遵崇“救死是在不妨生的基础上而为之”（《古今医统正脉大全》），反对治一经损一经。

小儿之病看病因。对于儿科病，认为停食着凉是其常见病因，反对使用寒凉药，要发毒而莫郁毒，宜宣透的方法，善后要调和脾胃。

乳儿之病治其母。对于婴儿病的治疗，常有异于常法。常治其母，儿病治母，药经乳传，方便而效捷。

医嘱效同治疗，主张平衡营养。常嘱病人慎起居、饮食。要慎食生冷、辛辣等物。因恣食生冷常致女性下焦寒邪侵着，寒使血凝，出现痛经、不孕等。嘱病人衣着要适寒温。衣着单薄，则寒从脚生，易致寒邪伤及胞宫。经常嘱病人要合理膳食，主张多食用五谷杂食，以资化源，气血充盈，则诸病不生。

灵活化裁方药。临床常用经方、时方，喜用药对。按君臣佐使组方规律，善用几组小方，方中套方，各施其职，使一个方剂发挥出多方面的效果。另外，通过四诊，抓主证，按仲景法，君药对主证，臣、使药等比例下降而施治。

2. 治学经历

出身中医世家，继承家学，祖父及父亲为启蒙老师。因家学渊源，国学及医学根基深厚。1958年考取北京中医学院，在大学的六年期间，常问学于名师，得到任应秋、陈慎吾、刘渡舟等先生的亲自指导。天道酬勤，学乃大进。他没有流派、学派的观点，他认为海纳百川，集百家之长方能为大医。因此，只要是符合中医理论与临床实践要求的均采纳吸收。

学术成就

1. 论文论著

编写与整理《中医症状鉴别诊断学》，校注《蠢子医》等四部医著，发表《论脑髓与志意》、《论药对学的发展与应用》、《论刺五加临床应用的研究方向》等44篇论文。

2. 获奖情况

获局以上科研成果7项，5项均为第一研究者，其中“五加正品的考证”获卫生部乙级成果奖，“更年女宝”获全国（部级）中医药重大科技成果乙级奖。研制（准）字号中成药“更年女宝”、“产后复原胶囊”、（健）字号中成药“太乙玉真酒”。

传承脉络

李治民→李维贤→李　睿、武晓冬、程　兰、杨立新

供稿人：金香兰

林　兰

第四批全国老中医药专家学术经验继承工作指导老师

个人简介

林兰，女，1938 年 8 月出生，汉族，浙江人，主任医师，博士生导师、博士后导师，中共党员，享受国务院政府特殊津贴。国家中医药管理局“中医内科内分泌重点学科”学术带头人，中国中医科学院首席研究员，中国中医科学院学位委员会委员，中国中医科学院学术委员会委员，“全国中医糖尿病专病医疗中心”主任。1963 年毕业于上海中医药学院医疗系，从事内分泌疾病的临床、科研和教学工作近 50 年。2005 年、2007 年被中国工程院院士增选提名。曾任国务院学位委员会中医中药学科评议组成员，国家食品药品监督管理局药品评审专家，中国中西医结合学会糖尿病专业委员会主任委员，中国中西医结合学会内分泌专业委员会主任委员，中国中医药学会甲状腺疾病专业委员会副主任委员，中华医学会理事，中华医学会科技奖和中华医学青年奖评审委员会评审委员。中央保健局会诊专家，兼任《医学研究通讯》、《糖尿病新世界》等多种医学期刊编委。

学术观点

1. 学术特色

创立糖尿病三型辨证理论。将糖尿病分为阴虚热盛、气阴两虚、阴阳两虚三个证型，代表糖尿病早、中、晚三个阶段：阴虚热盛型以热盛证候为主，兼有阴虚证，多见于糖尿病早期，血糖较高，病程较短，并发症少而轻，以中青年居多，表现以胰岛素抵抗为主的早期阶段；气阴两虚型以气虚证候为主，兼阴虚证，病程较长，并发症多而轻，见于糖尿病早期肾病、视网膜及周围神经病变等，以中老年居多，表现为胰岛素抵抗为主的中期阶段；阴阳两虚型以阳虚证候为主，兼有阴虚证，病程最长，并发症多而重，见于糖尿病并发心、脑、肾等多脏器功能不全以及胃肠功能紊乱，以年老患者居多，系糖尿病迁延日久，阴损及阳，致全身阴阳亏虚，功能低下，表现为胰岛功能衰竭，为糖尿病后期阶段。该分型符合现代医学糖尿病胰岛素抵抗、胰岛 β 细胞功能紊乱、β 细胞功能衰竭的演变规律。

2. 治学经历

对糖尿病证治理论及临床研究可分为四个发展阶段：①20 世纪 70 代初期，针对糖尿病辨证分型的研究，创建了“糖尿病三型辨证”，1986 年被卫生部药政部门纳入《新药（中药）糖尿病（消渴病）临床研究指导原则》沿用至今，被同行专家广泛认可、引用。② 80 年代中期，从事益气养阴治则和中药降糖机理研究。③ 90 年代初期，从事益气养阴、活血化瘀治则和糖尿病血管病变研究，阐明血瘀证与血管病变相关演变规律及其内涵。研制了“降糖通脉宁胶囊”，1995 年改名“芪蛭降糖胶囊”，获新药证书。④ 90 年代中期至今，进行糖尿病血管并发症的研究，主要研制了“糖心平” 和“糖微康”。“糖心平”用于防治糖尿病心血管病变，“糖微康”用于防治糖尿病肾病和视网膜病变。引进低能量 He-Ne 激光技术配合中药，用于防治糖尿病闭塞性脑血管病变和糖尿病下肢血管病变。

3. 师承关系

培养学术经验继承人2名。培养博士研究生16名、硕士研究生19名、博士后5名、师带徒3名，国家2010工程学科带头人2名，西部地区人才培养工程专科人才1名。

学术成就

1. 论文论著

出版《糖尿病中西医结合论治》、《中西医结合糖尿病学》、《现代中医糖尿病学》3部，主编《中西医结合糖尿病研究进展》、《中西医结合内分泌代谢病研究进展》、《内分泌代谢病中西医结合研究——临床与基础》、《糖尿病中西医结合诊疗规范2010》4部，参编《临床中药学》、《糖尿病证治研究》等6部，发表论文80余篇。

1986、1992 和2003 年先后制定和修订了《中药新药治疗指导原则》；2007 年基于“三型辨证”编写《WHO西太区用于2型糖尿病的传统医学临床实践指南》；“三型辨证”先后被《糖尿病中医防治指南》（2007年中华中医药学会）、《2型糖尿病中西医结合诊疗规范》（2005年中国中西医结合学会糖尿病专业委员会）以及《中医内科诊疗指南》（2008年中华中医药学会）等采用为辨证标准。

2. 获奖情况

“降糖甲片治疗成人糖尿病的临床与实验研究”先后获国家（部级）重大科技成果乙等奖和中国中医科学院科技成果二等奖；“降糖通脉宁治疗糖尿病血管合并症的临床和实验研究”先后获中国中医研究院和国家中医管理局科技成果二等奖；“甲亢宁治疗甲状腺功能亢进症的临床与机理研究”获中国中医研究院科技成果二等奖和中国中西医结合学会科学技术奖三等奖；“2型糖尿病三型辨证临床应用及机理研究”获中国中西医结合学会科学技术奖一等奖；“中医药对2型糖尿病早期微血管病变进展的影响”获中国中医科学院中医药科技进步奖二等奖；“糖微康治疗糖尿病肾病研究”先后获北京市科技进步奖二等奖和中国中西医结合学会科学技术奖二等奖。

传承脉络

张鸿恩→林　兰→
- 魏军平→
  - 鲍冠秀
  - 吴　瑞
- 倪　青→
  - 姜　山
  - 于丽红
- 陈思兰

供稿人：魏军平

刘猷枋

第二批全国老中医药专家学术经验继承工作指导老师

个人简介

刘猷枋，男，1927年10月出生，汉族，山东海阳人。主任医师，博士生导师，中共党员，享受国务院政府特殊津贴。中国中医研科学资深研究员。1952年毕业于国立山东大学医学院医疗系，获医学学士学位。从事泌尿系统疾病的临床、科研和教学工作六十余年。1987年获爱因斯坦世界科学奖。曾任卫生部科委委员，国家新药审评专家，中国中医科学院学术委员会委员，博士后流动站审评委员，中央保健会诊专家。历任中国医学科学院及协和医科大学学术委员，中华外科学会委员，中国中西医结合学会泌尿外科专业委员会主任委员，全国中西医结合防治泌尿系结石协作组主任委员，《中国中西医结合外科杂志》、《现代泌尿外科杂志》副主编，《中华泌尿外科杂志》常务编委，《中医杂志》、《中国中西医结合杂志》编委。

学术观点

1. 学术特色

创造性提出活血化瘀法治疗体积较大的上尿路结石。发展了中医有关“石淋”清利通淋的诊治理论，创造性地提出用活血化瘀法治疗体积较大的上尿路结石，使尿石症的中医药治疗有了突破性进展。

在无前人经验可借鉴的情况下，自20世纪60年代，致力于中西医结合治疗肾、输尿管结石的研究。通过不断的实践、思考、摸索、总结，运用现代医学理论和祖国医学理论，综合分析，创造性地认为肾、输尿管结石滞留在上尿路，其主要病机为气滞血瘀（结石表面结构粗糙易滞留，引起输尿管炎症、水肿、溃疡、纤维组织增生及输尿管周围炎等病理改变），并提出对体积较大、长期停留不移动或合并肾积水的上尿路结石，采用活血化瘀、软坚散结的治则是治疗的关键。首先运用活血化瘀法则组方“化瘀尿石汤”（当时称重剂排石汤）治疗体积较大、滞留日久的上尿路结石。实践证明，“化瘀尿石汤”不仅可提高难于自排结石的排石率，而且可使较严重的肾积水缓解、消失，丰富了上尿路结石的治疗方法，充实了中医药的临床治则和方药。

从瘀论治慢性前列腺炎。自20世纪60年代，致力于慢性前列腺炎的中医药治疗。通过多年总结，根据祖国医学辨证理论及现代医学知识，采用宏观辨证和微观辨证相结合，认为慢性前列腺炎病理改变为腺泡、腺管、腺叶的炎性梗阻、瘀滞、间质纤维化等，临床症状多表现为腰骶、少腹、会阴等部位的疼痛症状，以及肛诊前列腺体硬结、硬化表现，均符合血瘀证及病机范畴。根据《内经》“血实宜决之”治疗原则，采用活血化瘀、软坚散结、清热解毒的治疗原则，组方“前列腺汤（丸）”治疗，一直延用至今，治愈了数万例的病人。该治则和方药受到国内同行的认可，目前已作为中医药治疗慢性前列腺炎的基本治则，在国内各级各类医院中普遍应用。

2. 治学经历

1946 年～ 1952 年在国立山东大学医学院医疗系学习。毕业后在华北行政委员会卫生局华北医院筹备处任外科医师，期间借调北京市第三医院任外科医师，在天津医学院人民医院泌尿外科进修。卫生部中医研究院（现中国中医科学院）成立前，调入附属西苑医院外科，在职拜师学习中医。1958 年在卫生部中医研究院西医学习中医班学习 1 年。1959 年调任中医研究院学术秘书处。1962 年 8 月调入中医研究院广安门医院任外科主治医师，曾在北京医学院附属医院泌尿外科进修 1 年。1973 年广安门医院成立泌尿外科后，任科室主任至 1996 年。

学术成就

1. 论文论著

主编《中西医结合泌尿外科学》，撰写《排石煮散治疗输尿管结石 68 例临床观察》、《尿石合剂对上尿路结石的临床治疗》、《尿石症的预防》、《中西医结合道路上的回顾和体会》、《中药化瘀尿石汤治疗上尿路结石的研究》、《慢性前列腺炎的临床诊断》、《中西医结合治疗慢性前列腺炎》等论文。

2. 获奖情况

“中药治疗尿石症研究”获 1978 年全国科学大会奖、1983 年卫生部重大成果甲级奖、1985 年国家科技进步奖三等奖；“中药治疗慢性前列腺炎研究”获 1978 年全国医药卫生科学大会奖、国家中医药管理局科技进步奖三等奖；“中医药治疗慢性前列腺炎的分子免疫学机制研究”获 2006 年中华中医药学会科技成果三等奖；“活血解毒法治疗慢性前列腺炎的应用基础研究”获 2010 年北京市科学技术奖三等奖和 2011 年中国中西医结合学会科学技术奖二等奖；“中药治疗前列腺增生研究”获国家中医药管理局科技进步奖二等奖。

传承脉络

刘猷枋→
- 张　钊
- 张亚强→
  - 宋竖旗
  - 陈国宏
- 卢建新→覃韦刚

供稿人：张亚强

刘志明

第一批全国老中医药专家学术经验继承工作指导老师

个人简介

刘志明，男，1927年出生，汉族，湖南省湘潭人，主任医师，教授，博士生导师，博士后导师，首批享受国务院政府特殊津贴专家。首都国医名师、专家，中国中医科学院名誉首席研究员、中国中医科学院学术委员会副主任委员，北京中医药大学教授。曾任多届中华中医药学会副会长，第六、七、八届全国政协委员。

学术观点

1. 学术特色

从医70余载，擅长内科、妇科、儿科及内科疑难杂症，尤其擅长治疗温病、发热性疾病、心脑血管疾病、老年病、痹证等。认为“凡诊病施治，必须先审阴阳。阴阳无谬，治焉有差。医道虽繁，可以一言以蔽之，曰阴阳而已”。在治病大法上推崇古人，并有创新，提出“治外感如将，贵在猛峻；治内伤如相，贵在圆通”。善用经方，而不拘泥于古方，强调抓住主证，法随证立，方从法出，证以方名，方证一体，贵在灵活运用。对发热病证、湿热病证、心脑血管病、老年病等诊疗有独特见解。认为发热病证应注重分期：热病初期即用表里双解，因外感之邪多随风邪而入，风善行而数变，夹邪很快入里，并非停留在表，所以外感热病初期，不可只看到表证，忽视里证，而要注意运用表里双解之法。热病重症关键在于祛邪：热邪迅速入里，急剧恶化而成重症，故治疗以“祛除外邪”最为关键。长期低热不可忽视实证，长期高热要注意温中：此病证多为脾虚发热、阳虚发热，与长期积食、消化不良有关。湿热病证要注意分型：热痹强调治宜清热利湿，热痹有热胜、湿胜、阴虚之证，治疗均以清热利湿、疏风通络为主。湿热致咳强调用药轻灵：湿热致咳时，多属实证，其病变主要在肺，此时应以清化上焦湿热为主。胁痛之治注重清利疏通：胁痛一证，主要责之肝胆，因其经脉皆循胁肋，常以肝失疏泄、肝胆湿热为主，故宜清利湿热，疏通气机。慢性肾炎清利养阴为主，常以猪苓汤为基本方，因其利水而不伤阴，滋阴而不敛邪。对于慢性肾炎的治疗：刘志明认为“湿热”是慢性肾炎最基本的病理因素，如能注意清化湿热，则能满意收效；慢性肾炎及肾衰竭的本质是阴阳两虚，精气不足，而脾肾之间相互滋生，关系密切，故应健脾益肾，扶助正气以抗邪；慢性肾炎的病机不仅表现为湿热伤肾，还常常影响到脾胃，使其升降失常，故宜调理脾胃升降功能。冠心病，病在心脉，根于肾，治疗以补肾为主，以补为通，通补兼施，补而不壅塞，通而不伤正。在临床中常用瓜蒌薤白半夏汤等方加减以通阳宣痹化浊，如有脾胃症状，则合橘枳姜汤等以心胃同治；还重视肝肾之治，常合用首乌延寿丹，收获良效。治疗老年病重视高年下亏，治在肝肾；脏腑虚损，兼补五脏；本虚标实，攻补适度；阴为阳基，治老年病宜滋阴补阳；唯肾为根，补肾应与五脏共调理；本虚标实，扶正培本不忘祛邪。

2. 治学经历

生于岐黄世家，15岁拜湘潭名老中医杨香谷为师，3年后独立开业行医。1953年，在卫生部中医进修学校学习期间得到清宫御医袁鹤侪先生亲授。1954年参加筹备组建中医研究院，成为中医研究院第一批医疗科研人员。曾负责“传染病组”的创立和建设，先后领导了“中医治疗乙型脑炎”、“防治血吸虫病”、“中医防治小儿病毒性肺炎”等多项工作。多次出国访问与讲学，传播中医药文化。

遍读中医各家学说，将历代医家分为几个学派，每个学派选择代表性著作重点学习，然后旁及其他。如研究《黄帝内经》，以王冰的注释为主，参以张介宾的《类经》，旁及吴昆、马莳、张志聪等著作。认为全面、系统地了解各家学说的学术体系，才能丰富学识，开阔思路，有所创新。形成了自己独特的诊疗特点。其学术继承人刘如秀带领科研团队对其学术思想进行了全面系统的总结与继承。

学术成就

1. 论文论著

发表论文数10篇。出版著作有《中医内科学简编》、《中医学》、《刘志明医案精解》、《中华中医昆仑•刘志明卷》等。

2. 获奖情况

先后荣获卫生部“中医药事业突出贡献奖”及中华中医药学会颁发的“全国首届中医药传承特别贡献奖”等。“刘志明老中医通阳活血法治疗病态窦房结综合征临床与基础研究”获得2007年中国中医科学院中医药科技进步奖三等奖。“刘志明名老中医学术思想传承及应用”荣获2011年中国中医科学院科学技术进步奖三等奖。

传承脉络

杨香谷、袁鹤侪 → 刘志明 →

- 国际学生
- 陈　群
- 周立民
- 虞胜清
- 孙学东
- 刘如秀 → 谢朝霞、刘　宇、陈　靖、徐利亚、王妮娜、李慧博、谭　双、汪艳丽、刘金凤、周小明、赵　亮、展慧慧、彭　杰、暴美静、童建霞、马　龙、王旭威
- 梁菊生
- 夏仲元
- 刘德麟

供稿人：刘如秀

路志正

第一、三、四批全国老中医药专家学术经验继承工作指导老师

个人简介

路志正，男，1920 年 12 月生，汉族，字子端，号行健，河北藁城人，主任医师、教授、师承博士后导师，中共党员，首批获国务院政府特殊津贴专家，著名中医药学家。曾任全国政协委员，国家药典委员，国家中医药管理局中医药工作专家咨询委员会委员，重大科技成果评审委员会委员，卫生部药品评审委员会委员、顾问，国家中药品种保护委员会委员、顾问。2008 年被评为国家级非物质文化遗产传统医药项目代表性传承人，2009 年被授予“首都国医名师”，2009 年被中国人力资源社会保障部、卫生部、国家中医药管理局评为首届“国医大师”。

学术观点

1．学术特色

精通中医经典，崇尚脾胃学说和温病学说，几十年的临床实践及不断探索，使他在中医理论方面建树颇多。他深入研究了现代常见的冠心病、糖尿病、高血脂、高血压、痛风等疾病的发病机理，认为饮食失调损伤脾胃是其发病的关键因素。脾胃损伤常见气虚、血少、湿蕴、痰阻、瘀血、气机紊乱等病证，审证求因、调理脾胃是其治本之道，即“调中央以通达四旁”。调理脾胃重在升降相宜，而顾其润燥，升脾阳，降胃气，健脾益气，清养胃阴，调畅气机，法取中庸，勿劫胃津，勿伤脾阳，气机通畅，脾胃健运，胃气来复，诸病自除。并最终在上述认识的基础上，逐渐形成了独具特色的“持中央，运四旁，怡情志，调升降，顾润燥，纳化常”系统的调理脾胃学术思想。

在系统整理和继承前人有关中医湿病理论和临床经验的基础上，结合当今工业化、城镇化在世界范围内的发展所引发的诸如，气候、环境、人们的生活方式、生活习惯，乃至疾病谱的改变与时俱进。创造性地提出了不唯南方多湿，“北方亦多湿”、“百病皆由湿作祟”的学术观点，这对进一步充实、完善中医湿病理论，指导今后对湿病的进一步研究意义重大。他十分重视对历代风湿病理论的继承与创新工作，带领中华中医药学会专家学者确定了由痹证→痹病→风湿病的风湿病一级病名，制定了五体痹、五脏痹的诊断与疗效标准，创造性地提出了“燥痹”、“产后痹”等二级病名，丰富了中医风湿病的理论内涵，提高了风湿病的诊疗水平。同时，还重视调达三焦以沟通表里、连接上下从而达到动中求衡的一种生理状态，这亦体现了“大道无形”、“大医无方”的境界。

2．治学经历

1934 年 2 月至 1939 年 2 月进入由伯父路益修创办的河北中医专科学校学习中医，并师从路益修先生；1939 年 3 月至 1942 年 1 月年随河北中医专科学校孟正己老师在藁城南董镇红万字会施诊所实习，并于其间考取河北中医师资格；1942 年 2 月至 1949 年 12 月，悬壶乡里；1950 年 1 月至 1950 年 12 月，同伯父路益修先生在北京开业行医；1951 年 1 月至 1952 年 7 月，在北京中医进修学校进修近代医学和中医学；1952 年 8 月至 1954 年 11 月，在国家卫生部医政司医政处中医科工作，其间曾于 1953 年参加抗美援朝巡回医疗队工作，于 1954 年至 1955 年初曾参加中医研究院筹备组工作；1954 年 12 月至 1973 年 12 月，在国家卫生部中医司技术指导科工作，其间曾于 1960 年至 1961 年参加中医研究院组成的支边医疗队在包钢职工医院工作一年，1961 年至 1962 年初应包钢党组和医院之请，与中医研究院余瀛鳌同志一起开办“西医离职学习中医班”进行培训教学工作；1973 年 12 月至今，在中国中医研究院广安门医院内科从事中医医、教、研工作，并曾先后任医师、副主任医师、主任医师、内科教研室副主任、教授等职。

3. 师承关系

早年师承伯父路益修先生，继而又拜山西名医孟正己先生为师，后来在自身不懈的勤奋和努力下终于磨练成一代中医大师。

学术成就

1. 论文论著

论著主要有《中国针灸学概要》、《医话医论荟要》、《中医内科急症》、《痹病论治学》、《路志正医林集腋》、《实用中医风湿病学》、《中医湿病证治学》等。论文主要有《中医对于血吸虫病证候的认识和治疗》、《中医对于伤风感冒的认识和治疗》、《中医对大面积钢水灼伤的辨证论治》、《多寐的辨证论治》、《眩晕的辨证论治》、《甲亢与风消》等。

2. 获奖情况

所指导的国家中医药管理局课题“路志正调理脾胃法治疗胸痹经验继承整理研究”，1994 年获中国中医研究院中医药科技进步三等奖，1995 年又连获国家中医药管理局中医药基础研究二等奖，并且该研究还获得国家“973”课题资助。2009 年 6 月获得中华中医药学会终身成就奖。

对中国曾发生的多次大规模传染病的防治也作出过巨大贡献，这其中包括最早认定中医对乙脑治疗的成果；代表中医界参与血吸虫病的防治；以及积极抗击“非典”，提出中医参与“非典”临床救治以及突发和疑难疾病防治工作等。

传承脉络

路益修→路志正→
- 1978 年～ 1990 年→
  - 高荣林→章　波等
  - 李方洁→郭小玉等
  - 李连成、胡兆垣
- 1960 年～ 2000 年→
  - 路喜善→路昭远
  - 路京华→路昭辉
  - 路京达→路昭明
  - 路　洁→郑昭瀛等
  - 路喜素 、李　锡涛
- 2001 年～ 2012 年→
  - 边永君→杜　颖等
  - 胡镜清→姚飞翔等
  - 胡元会→褚瑜光等
  - 刘宗莲→高祖涛等
  - 姜　泉→周新尧等
  - 张华东→于志谋等
  - 冯　玲→程路涵等
  - 王秋风、尹倚坚、提桂香、魏　玮、杨凤珍等

供稿人：路喜善

麻　柔

第四、五批全国老中医药专家学术经验继承工作指导老师

个人简介

麻柔，男，1945 年 7 月出生，汉族，山西省繁峙县人。主任医师，博士生导师、博士后导师，中共党员，享受国务院政府特殊津贴。中国中医科学院科学技术委员会委员，中国中医科学院学位委员会委员，国家中医药管理局三级实验室“血液细胞实验室”负责人，国家中医药管理局中医内科血液学科学术带头人，国家中医药管理局“十五”重点专科血液科学术带头人，卫生部国家临床重点专科学科带头人。1982 年毕业于中国中医研究院中西医结合临床专业，获硕士学位。从事中西医结合血液学临床和科研工作 40 余年，历任中国中医科学院西苑医院血液科副主任、主任。兼任中西医结合学会北京分会理事，中国癌症协会老年专业委员会常委，中国中西医结合学会血液学专业委员会名誉主任委员，中央保健委员会会诊专家，《白血病淋巴瘤》、《北京中医药大学学报（中医临床版）》编委，《中医杂志》、《中华中医药杂志》、《中国中西医结合杂志》审稿专家。

学术观点

1. 学术特色

他认为，中医学对疾病的认识立足于宏观、整体、系统的角度，其精髓是辨证论治，其优势是对现代科学尚无较好的治疗方法和疾病机理尚不能认识清楚的疾病，中医仍可依据病人的“证”而施治，辨证论治结果是多种化学成分对多个器官、多个作用靶点的多种作用叠加的结果。而现代医学则着眼于局部与微观，其缺点是容易忽略了人体整体、忽略了不同病人个体的反应和感受的差异（虽然西医也重视整体，但对病本身的重视淡化了对整体的重视）。如能在整体宏观辨证基础上，参考西医诊断及理化检查，就可对疾病有更全面和深入的了解，使治疗的针对性更强，有利于提高疗效。

他认为急性白血病经化疗达到完全缓解后进入微小残留白血病阶段，以正虚为主，表现为“邪去正衰”、“气阴两虚”的特点，因此扶正培本是治疗微小残留白血病的大法。针对微小残留白血病的中医病因病机及临床证候，研制了“扶正抗白冲剂”，共达滋阴补气、扶正抗白的功用。临床研究表明确能改善患者免疫功能。他认为，骨髓增生异常综合征辨证为实证、瘀证，病位在血分、骨髓，具有虚实夹杂、以实为主的特点。将骨髓增生异常综合征中医病名命名为“髓毒劳”，针对本病正虚邪实、邪毒内聚之病机，本着治病求本的原则。提出解毒化瘀、补肾健脾之治疗大法，达到“去其所害，气血复生”之目的，从而使疾病得到缓解。在临床实践中发现，慢性和难治性血小板减少症病程长，表现以“气伤”为特点。其病机主要是脾肾亏虚为本，血溢脉外、瘀阻络脉为标。故辨证治疗以益气健脾、补肾调阴阳兼活血解毒，标本兼治。以桂枝汤合四君子汤为基本方，在益气通阳基础上肾阴阳偏衰者适当加补肾活血之品，且在治疗疾病过程中随时调整滋阴（滋胃阴与滋肾阴）和温阳药。

2. 治学经历

毕业于北京医学院，毕业后留校工作。1971 年 8 月调任中国中医研究院（现中国中医科学院）西苑医院，参加了卫生部全国西学中班，系统的学习中医 3 年，后师从于周霭祥攻读硕士研究生。曾在日本东京大学研修，回国后致力于中西医结合血液病的临床及科学研究。在随多名老中医长期侍诊中，认识到中医学是中华民族传统文化的重要组成部分。四十余年来，注重加强自己在哲学和人文学科等方面修养，对《易经》、《道德经》等古代哲学书籍进行了深入的研究；尤其崇尚《内经》、《难经》、《伤寒》之学，提倡勤求古训，善于继承，勇于创新；精研现代医学理论，学贯中西，借助现代医学的诊断技术及方法，与中医的辩证论治相结合，在中西医结合血液病治疗中形成了独树一帜的学术风格和卓有成效的治疗方法。

学术成就

1. 论文论著

勤于笔耕，先后在《中医杂志》、《中华内科杂志》、《中华血液学杂志》、《中西医结合杂志》、《白血病》等杂志发表论文 40 余篇，其中 SCI 收录 4 篇。主编《中西医临床血液病学》，副主编《当代中西医结合血液病学》、《再生障碍性贫血中医治疗》，主审《急性白血病》、《慢性白血病和骨髓增生异常综合症》、《癌症化疗不良反应的中西医防护》、《出血性疾病》、《贫血》，参加了《现代血液病学》、《本草纲目现代研究》、《中西医结合诊断治疗学》等书的编写。

2. 获奖情况

国家中医药管理局课题“扶正抗白冲剂治疗微小残留白血病的临床和实验研究”，获 1998 年度中国中医研究院科技成果三等奖。“ABC 法检测涂抹标本细胞膜抗原及其在血液学中应用研究”，获 1993 年中国中医研究院科技进步奖三等奖（第 1 名）。“补肾法治疗再生障碍性贫血”，获得 2007 年度中西医结合学会科学技术奖三等奖；“中药补肾为主联合西药治疗再生障碍性贫血疗效评价及用药选择分界点的研究”，获 2010 年度中国中医科学院科学技术奖二等奖。“青黄胶囊为主治疗骨髓异常综合征疗效及机理研究”，获 2009 年度中国中医科学院科学技术奖二等奖、2010 年度中华中医药学会科学技术奖三等奖。

传承脉络

周霭祥→麻　柔→
- 李　柳
- 徐　述
- 唐旭东
- 博士生：徐亚梅等 8 人
- 硕士生：张珊珊等 6 人

供稿人：唐旭东

西苑医院

马继兴

第三批全国老中医药专家学术经验继承工作指导老师

个人简介

马继兴，男，1925年2月出生，回族，山东人。博士生导师，九三学社社员，享受国务院政府特殊津贴。中国中医科学院资深研究员，国家首批突出贡献专家。1945年毕业于华北国医学院，从事中医药文献和中医药历史研究近70年。荣获全国民族团结进步模范称号、全国先进工作者称号。曾任中国医史文献研究所副所长，曾兼任中国药学会常务理事及中国药学会药学史专业委员会主任委员，中国中医药学会文献分会首届主任委员，中国针灸学会文献研究会顾问，中国敦煌中医药国际学术研讨会名誉会长，北京市中医药学会常务理事及中医基础理论专业委员会主任委员等。

学术观点

1. 学术特色

为中医文献学科创始人之一，撰著第一部中医文献学理论著作《中医文献学》，系统阐述中医文献学的研究范畴、研究对象与任务、研究方法等系列理论问题，奠定学科坚实的学术基础。学术研究领域甚为宽阔，开辟针灸史与针灸文献、本草史与本草文献、出土中医药文献与医药考古、佚失中医药文献辑复、海外收藏中医药文献诸多研究新领域，为中医药文献与历史领域作出许多开拓性研究工作。

在针灸方面，参与仿制和复制宋天圣针灸铜人工作。撰著《针灸铜人与铜人穴法》，研究宋以后不同时期针灸铜人及其木制者、铜人经、铜人图、铜人穴法。主持完成国家自然科学基金课题“古代针灸医学学术成就的考证研究”。撰著第一部《针灸学通史》，论述中国针灸疗法的起源，历代针灸发展历史，同时也论述了国外针灸发展历史。为针灸历史研究重要的标志性新成果。

在本草方面，撰著《神农本草经辑注》，集前人研究之大成，且取得众多更新成果。梳理源流，详以论证，撰著《神农药学文化研究》，收集域内外神农诸多传说与祭祀实物图片，如此医药、历史、社会、文化融为一体的研究专题前所未有。

在出土医学文献方面，撰著《马王堆古医书考释》，考证确定帛书、竹木简抄写年代和著作年代。阐述其历史意义与学术价值；修复残文断句；订正最初欠妥的释文；针对原文，进行语释、校注，并加按语。主编《敦煌古医籍考释》与《敦煌医药文献辑校》。“发掘出土亡佚医药典籍文物的研究”，对建国五十年以来全国各地出土医药文献、文物进行了整理研究，取得丰硕成果。

在海外收藏中医古籍方面，多次赴日学术交流，研究《小品方》与《医心方》等。赴美国国家医学图书馆，负责鉴定其收藏的中医古籍版本，撰写《美国国家医学图书馆所藏中医药古籍目录》。调研域外收藏中医药古籍现况，回归日本现存中国散佚古医籍，这项工作取得长足进展，至今仍在继续。

2. 治学经历

1945年毕业于华北国医学院，短暂开业行医后，任教于北京大学医学院生理学科。1949年任华北国医学院教委会副主任委员及教授，参加中国医药学会与《中国针灸学季刊》的工作，被推举为事务组负责人。此时开始对医学史感兴趣，探讨针灸历史是涉足最早的研究领域。

新中国成立后在中医教育、科研部门任职。1954年10月参加中医研究院（现中国中医科学院）筹备处工作。此后一直在本院针灸研究所和中国医史文献研究所从事研究。1958 年被错划为右派，文革之后，错划的“右派”得到更正，此期间遭受极大挫折。虽环境甚为不利，然研究并未终止，大批研究素材日渐积累，成为后来科研成果的深厚基础。20 世纪 80 年代至今，著述陆续完成出版，突出的研究成果得到学术界高度认同，成为中医文献研究领域的学术泰斗。

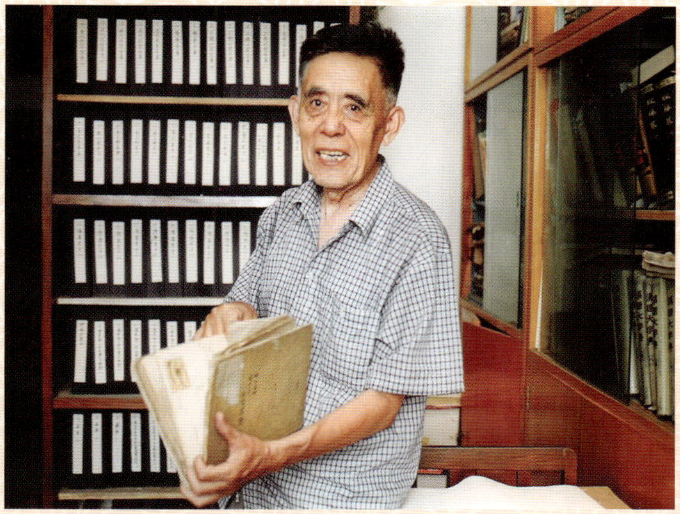

3. 师承关系

华北国医学院实习期间，随施今墨先生临诊，并拜学于焦会元与夏禹臣，二位老中医均以针灸见长。而从事研究工作则来自其本人学习与实践之积累。

学术成就

学术著作一百七十余种（著作、论文），荣获国家与部局级、院级科研成果奖 19 项。其中《中医文献学》获首届全国优秀医史文献图书及医学工具书金奖、第六届全国优秀科技图书一等奖、北京市科技进步奖二等奖。《神农本草经辑注》与有关课题研究成果获国家中医药管理局中医药科技进步奖一等奖、国家科技进步奖三等奖等。《敦煌古医籍考释》获首届全国科技优秀图书一等奖、国家新闻出版总署首届古籍整理图书二等奖等。《敦煌医药文献辑校》获国家新闻出版署国家图书奖。《马王堆古医书考释》获第二届湖南优秀图书奖、国家中医药管理局中医药基础研究奖。《武威汉代医简》获 1982 年卫生部乙级科学技术奖。“国内失传中医善本古籍的抢救回归与发掘研究”获中华中医药学会科技成果二等奖、中华医学会科技成果二等奖、北京市科委科技成果二等奖。2005 年《〈桐君采药录〉考察》一文（3 期连载），荣获“第六届中国科协期刊优秀学术论文”一等奖，这是中医类学术论文唯一获得的一等奖。

《马继兴医学文集》收录其论文 90 余篇，全面系统反映马继兴近 70 年学术研究成果。此外还撰著出版《出土亡佚古医籍研究》、《针灸铜人与铜人穴法》、《中国药膳学》、《针灸学通史》、《神农药学文化研究》等。

传承脉络

马继兴→
- 硕士→
  - 郑金生 →
    - 硕士：袁冰、甄雪艳、谷胜东、农汉才、白华、田锋、全世玉
    - 博士：刘艳骄、戴昭宇、甄艳、纪征翰、苏诺、刘悦
  - 郭君双
  - 万芳 →
    - 硕士：顾漫、王治华、章碧明、曹峰祥、黄晶、张燕洁、侯西娟、赵林冰
    - 博士：杨向真、李楠
  - 胡晓峰
  - 黄斌
  - 漆浩
- 博士→
  - 胡晓峰 →硕士：杨亦周、孙清伟、付美洪、韩素杰
  - 潘桂娟 →
    - 硕士、博士：李海玉、吴新明、李清、陈宇谨（美国）、张立平
    - 硕士：周鸿飞、孙佳、唐玲玲
    - 博士：于智敏、余思颖（新加坡）、柳亚平、刘洋、陈曦、郑齐、张晨
  - 高文柱
  - 肖永芝 →硕士：全世玉、周敏、李春梅、韩国正、何慧玲、党志政
  - 李红珠
  - 黎德安（台湾）

供稿人：万芳

中国医史文献研究所

聂莉芳

第四、五批全国老中医药专家学术经验继承工作指导老师

个人简介

聂莉芳，女，汉族，1947年10月出生，湖南省衡阳市人，主任医师，博士生导师，传承博士后导师，中共党员。现任中华中医药学会肾病分会副主任委员，中国中西医结合学会肾病分会副主任委员，北京中医药学会理事、肾病专业委员会主任委员，北京中西医结合学会肾病分会副主任委员，北京生物医学工程委员会委员。

学术观点

1. 学术特色

长期坚持以中医传统理论为基础的临床思维，对慢性肾脏病的中医病名进行系统的整理，将中医整体恒动观应用于肾病临床，提出了关格病的分期理论，对慢性肾衰竭的中医药治疗具有很强的临床价值。在疾病治疗过程中，重视疾病发生与发展的正邪关系，倡导慢性肾脏病的扶正疗法，先后提出慢性肾衰和肾病综合征的调理脾胃法，IgA肾病的益气滋肾法等。在国内率先提出了气阴两虚证是IgA肾病最常见证候的学术观点。在此基础上，提出了益气养阴治法为核心的IgA肾病中医治疗方案，促进了IgA肾病中医治疗理念的转变和整体治疗水平的提高。15年来，通过系统的临床和实验研究，证实该疗法具有很好的临床疗效。

坚持突出中医特色，衷中参西，融会贯通。如针对难治性肾病综合征，提出了“能中不西，先中后西；减撤激素，加用中药”的治疗思路，提出了肾病综合征以调理脾胃为先，以治疗水肿为先，以治疗突出症状为先的治疗原则。同时在肾病的治疗中强调配合运用食疗方。

2. 治学经历

1964年～1970年，就读于北京中医学院中医系。1970年毕业后在贵州瓮安县从事中医工作8年，1978年在同校攻读硕士研究生，为我国首届中医研究生，师从国医大师王绵之教授。1983年任肾病科主任，为当时西苑医院最年轻的科主任之一，与著名老中医方药中教授和著名肾病学家时振声教授一起为西苑医院肾病科的发展作出了突出贡献。30多年工作中，始终坚持突出中医特色，博采众长，传承与创新并举。1993、1994年作为中国政府派遣研究员赴日本广岛大学医学部研修肾脏病。长期在临床一线工作，临床疗效受到患者的广泛好评，在肾病学界和患者中有较高的知名度。曾任北京医学会肾脏病分会唯一中医委员，与国内外著名的西医肾病专家有较好的学术交流和个人感情。

学术成就

1. 论文论著

出版《肾炎的中医证治要义》、《实用常见肾脏病防治》、《血尿的诊断与中医治疗》、《蛋白尿的诊断与中医治疗》、《肾脏病中医诊治与调养》、《慢性肾功能衰竭的诊断与中医治疗》等著作10部，在国内外杂志上发表学术论文100余篇。牵头制定了IgA肾病中医辨证分型的行业标准。

2. 获奖情况

30年来承担国家级、部局级科研课题10余项，获科技成果奖7项。1986年～1990年曾承担两项国家科技攻关课题，为国家"七五"攻关课题"慢性肾炎肾虚证研究"负责人之一和"方药中老大夫诊治慢性肾功能衰竭经验研究"临床负责人。1987、1988年度曾获卫生部颁发的"孙氏医学科研基金三等奖"，1991年获中国中医研究院科技成果二等奖，1992年获国家中医药管理局科技成果三等奖。2001年～2004年为国家"十五"攻关课题"IgA肾病中医证治规律研究"课题牵头人，2006年度中华中医药学会科技成果二等奖。"IgA肾病益气滋肾治法研究"2010年获中国中医科学院科技成果三等奖，"IgA肾病中医证候特点及益气滋肾治法研究"获2011年北京市科技成果二等奖。20世纪90年代中期研制了治疗IgA肾病的"益气滋肾口服液"和治疗慢性肾衰的"补肾泄毒颗粒"两个院内制剂，其中"益气滋肾口服液"入选第一批北京市十病十药项目。曾应邀赴日本、中国台湾、韩国、加拿大、挪威、德国讲学。

3. 学生培养情况

在中医学术思想和临床经验的传承方面，培养了博士、硕士等20多名中医高级人才，其中大多已成为中医临床骨干。以IgA肾病中医证候特点和益气滋肾治法为主要研究方向。对IgA肾病中医证候特点，尤其是气阴两虚证进行了临床调查和分析，对益气滋肾治法和益气滋肾颗粒进行了临床试验研究，培养博士7名和硕士4名；慢性肾衰的中医证治规律和补肾泄毒治法研究，培养博士3名和硕士3名；全国老中医药专家学术经验继承人3名。培养中医传承博士后1名。

传承脉络

聂莉芳→
- 余仁欢→梁　莹、李耀新、申正日、高　辉
- 于大君、王洪霞、李建民、刘秀萍、孙红颖、张　燕、徐建龙、韩东彦

供稿人：余仁欢

朴炳奎

第五批全国老中医药专家学术经验继承工作指导老师

个人简介

朴炳奎，男，1937 年 1 月出生，朝鲜族，主任医师，博士生导师，博士后导师，中共党员，享受国务院政府特殊津贴。中国中医科学院首席研究员，中国中医科学院科学技术委员会委员，中国中医研究院学术委员会委员，中国中医科学院学位委员会委员。1959 年 8 月毕业于大连医学院医疗系。历任中国中医研究院广安门医院副院长兼肿瘤科主任。现任全国中医肿瘤医疗中心主任，世界中医药学会联合会肿瘤专业委员会会长，中国抗癌协会临床肿瘤学协作专业委员会（CSCO）指导委员会副主任委员，中国癌症基金会中医肿瘤专业委员会副主任委员。曾任中国中西医结合学会肿瘤专业委员会主任委员，中国抗癌协会肿瘤传统医学专业委员会等。

学术观点

1. 学术特色

在继承和发扬广安门医院肿瘤科创始人余桂清、段凤舞、张代钊等先导们的宝贵经验、学术成果及优良学风的基础上，继续突出和发挥中医药防治肿瘤的特色，提出“正气内虚”是恶性肿瘤的发病学基础，主张“扶正培本”治则在防治恶性肿瘤中的主导地位，探索出以扶正培本为主导，解毒抗癌、活血化瘀相结合的中西医结合肿瘤基本治则模式。长期从事“益气养阴清热解毒之剂治疗原发性肺癌的系列研究”，先后研发出国家三类新药“益肺清化膏”、“益肺清化颗粒”及院内制剂“肺瘤平膏”等系列制剂，取得了良好的社会效益和经济效益。积极开展不同中医治则的实验研究，提出“扶正与清热解毒抑制肿瘤增生，扶正与活血化瘀抑制肿瘤转移”的思路，并证实在扶正解毒的基础上配合应用活血化瘀药物，可以克服单用后者可能促进肿瘤转移的弊端，为合理应用活血化瘀药物防治恶性肿瘤提供了依据。深入开展扶正培本法治疗肺癌的机制研究，证实中药复方肺瘤平膏通过调节 DC 功能发挥抗肿瘤效应，其作用机制与扶正方药上调 DC 相关膜分子表达、诱导成熟、促进迁移、增加免疫突触形成、提高 T 细胞杀伤活性等有关，表明以扶正为主、结合辨证论治是提高肺癌临床疗效的关键。

朴炳奎通过多年的中医肿瘤临床实践，积累了丰富的临床经验，他在继承肿瘤扶正培本思想的基础上，对该理论进一步凝练，认为其核心内容是“和其不和”，集中体现于中医“和合”思想，符合中华民族传统文化的特征。具体体现在：认为肿瘤中医病机根本是“脏腑失和”，治疗目的“求和”，即达到“阴阳平和”或“人瘤共存”的目的；治疗手段“和而不同”，具体而言：未病先防，扶正养生；将病早治，扶正防转；既病防变，扶正减毒；病后调摄，扶正防复；组方法度“以和为贵”，如重后天，和调脾胃；护正气，和法缓治；制小方，和缓为宜。

2. 治学经历

1954 年考入大连医学院医疗系学习 5 年，1959 年 10 月毕业后分配到中国中医研究院（现中国中医科学院），当即参加卫生部第三届西医离职学习中医班，脱产学习两年中医，从此走向一生从事中医药事业的道路。西学中班结业后，1962 年 2 月在西苑医院任住院医师，主要从事针灸治疗脑及神经系统疾病。1963 年 2 月中国中医研究院大调整，成立了广安门医院，被调入该院针灸所第二研究室，主要以胃肠道疾病为对象。当时刚筹建病房，只有针灸所 2 个病区，1 个骨伤和眼科合并的病区。至 1971 年，为建立内科病区，又被调入内科参加筹建内科病区，主要从事治疗糖尿病为主的内科工作。1975 年初，为扩大肿瘤科建设，又被调入肿瘤科，从事中西医结合肿瘤专业至今。前述几个不同专业之间的角色转换给朴主任从事中西医结治疗肿瘤带来不少益处，同时也获得了几次难得的学习机遇：一是1963年2月在当时的北京铁路医院内科进修半年，重温了西医内科临床，还了解了血液病方面的知识；二是1977年2月起在中国医学科学院肿瘤医院内科进修一年，比较系统地掌握了肿瘤学知识；三是1979年4月至1981年4月在日本东京医科齿科大学内二科及日本国立癌中心进修两年，掌握了比较先进的呼吸系统疾病及肺癌诊疗知识，包括支气管镜及造影技术等。

3. 师承关系

曾师从名老中医蒲辅周先生研习中医经典著作，此后继承和发扬余桂清、段凤舞等中医、中西医结合肿瘤专家的学术经验。

学术成就

1. 论文论著

主编或合编《东洋医学入门（日文版）》、《中医诊疗常规》、《中医临床家余桂清》等10部学术专著，发表学术论文100余篇，其中代表性论文《呼吸道疾患的中医药治疗》、《A clinical study of compound Herbal prescription in Treating Advanced primary lung cancer》、《肺瘤平膏治疗晚期原发性肺癌临床观察》、《Impact of complementary Mistletoe Extract Treatment on Quality of life in Breast, Ovarian and Non-small Cell Lung Cancer patients. A Prospective Randomized Controlled Clinical Trial Anticancer Research》、《晚期非小细胞肺癌患者外周血DC亚型与免疫状态关系研究》、《中医药治疗肿瘤的临床实践与思路》等。

2. 获奖情况

长期从事中西医结合肿瘤的临床及科研工作，研制出国家三类新药“益肺清化膏（颗粒）”。先后主持并参与国家“六五”～“十五”科技攻关、国家自然基金及首都发展基金等多项科研课题，并多次获得卫生部、国家中医药管理局、中国中西医结合学会、中华中医药学会、中国抗癌协会科技成果进步奖。1986年“扶正冲剂化疗治疗术后晚期胃癌的临床研究”获国家中医药管理局科技进步奖二等奖；1996年“益气养阴清热解毒之剂治疗原发性肺癌的临床与实验研究”获国家中医药管理局科技进步奖三等奖；2007年“提高肺癌中位生存期治疗方案的研究”获中国中西医结合学会科技进步奖一等奖；2008年“非小细胞肺癌的中医循证医学研究”获中华中医药学会科技进步奖一等奖；2009年“肺瘤平膏调节肺癌患者树突状细胞功能作用及分子机制研究”获中国抗癌协会科技奖三等奖。

传承脉络

朴炳奎→
- 硕　士→张培彤、吴广宁、李树奇、卢雯平、李　杰、陈巧凤
- 博　士→张培彤、李攻戍、李树奇、孙宏新、郑红刚、周雍明、张　英、樊慧婷、李丛煌
- 博士后→
  - 统　招→易崇勤、花宝金、熊　露、冯　利、李　黎
  - 在职／传承→卢雯平、周　斌、白宇宁、刘新敏
- 传继承→
  - 名医名家传承人：侯　炜
  - 学术经验继承人：郑红刚、林　飞

供稿人：郑红刚

尚尔寿

第一批全国老中医药专家学术经验继承工作指导老师

个人简介

尚尔寿（1924 年～ 2005 年），男，汉族，吉林长春人。主任医师、教授、硕士生导师，中共党员。享受国务院政府特殊津贴。1994 年被聘为国际肝病研究协作交流中心学术委员。1999 年被聘为中国中医研究院第三届学术咨询委员会委员，2000 年 1 月被聘为中国中医研究院资深研究员。曾任吉林省中医学会常委、长春市中医学会会长、中国中医研究院专家委员会委员、国际肝病研究协作交流中心学术委员。

学术观点

1. 学术特色

自少年时代即继承家学，已是五世中医。其父尚明斋，为我国东北医界名宿，尚尔寿教授继承整理其父尚明斋治疗神经系统医疗经验，集成《临症集锦》，书中有多篇关于神经系统疾患的治疗经验，提出“重症肌无力”不局限于痿证的一般治疗常法，另辟蹊径以“肝风论治”，其理论根据源于《诸病源候论》中的相关论述。

2. 治学经历

1933 年至 1939 年在长春公学堂学习，1940 年至 1943 年在长春二高中学学习，1944 年至 1945 年家传学习中医，1945 至 1946 年在东方医学院学习，1946 年至 1947 年在国立长春大学医学院学习，1948 年参加正式中医考试成为中医师，1950 年至 1952 年 6 月任长春市医院内科医师，1952 年 6 月至 1957 年作为中央卫生部“中医研究专门人员”在北京医学院医疗系学习，毕业后执教于长春中医学院。1958 年至 1985 年，历任吉林省中医药研究院科主任，中西医结合主任医师。1985 年 3 月开始，在中国中医研究院西苑医院工作。主要治疗乙型肝炎、肝硬化腹水，观察治疗进行性肌营养不良、重症肌无力、运动神经元病、震颤麻痹等。同时培养研究生。

学术成就

1. 论文论著

主编《临证集锦》、《临证初探》、《神经肌肉疾病临证精华》、《临床肝胆病学》、《肝病治疗学》等专著，发表有关肝病及进行性肌营养不良症等论文多篇。

2. 获奖情况

1982 年、1984 年获得省政府科研成果奖，课题“进行性肌营养不良症的中医临床研究”获 1993 年中国中医研究院科研成果奖，2000 年治疗重症肌无力的药物“强肌宁”获得专利。

3. 培养学生

1991 年指导郭贞山医师完成“复肌宁治疗进行性肌营养不良症的临床实验与研究”的硕士论文课题。

1992 年指导项宝玉医师完成“从肝从风论治眼肌型重症肌无力的临床实验与研究”的硕士论文课题。

传承脉络

尚尔寿→项宝玉→
- 黄坤强
- 刘　晴、张志刚
- 郭贞山

供稿人：项宝玉

沈绍功

第三批全国老中医药专家学术经验继承工作指导老师

个人简介

沈绍功，男，1939 年 5 月出生，汉族，上海人。主任医师，博士生导师，民盟盟员，享受国务院政府特殊津贴。沈氏女科第十九代传人，中国中医科学院中医临床基础医学研究所科技学术委员会委员。1963 年毕业于上海中医药大学六年制医疗系，获医学学士学位，从事心血管系统疾病的临床、科研 50 余年。历任广安门医院急诊科主任、肿瘤病房负责人、中医基础理论研究所副所长、中医临床基础医学研究所特聘专家。兼任国家中医药管理局全国冠心病协作组组长，中华中医药学会心病分会主任委员、急诊分会副主委、内科分会常委，世界中医药联合会内科分会常委，国家食品药品监督管理局药品评价中心专家，国家基本药物评审专家，《中国中医急症杂志》副主编，科技部 973 计划中医基础理论研究专项第二届专家组成员。

学术观点

1. 学术特色

沈绍功祖传师授，重视临证，提出“一切为了临床，疗效是硬道理”的观点。提倡“病证相配，单元组合式分类辨证诊断法”，认为辨证论治、整体序列是中医临床取效的关键，综合措施治疗是中医学的宝中宝。其诊治心病时，强调：

辨证要准：痰瘀为标，毒损心络；肾虚为本，阴阳失调；脉诊要精，舍症从舌。论治要活：祛痰化瘀，解毒通络；后期调肾，兼顾开胃；通利二便，给邪出路；升清降浊，调畅气机。用药经验：守法易药，提高疗效，借鉴药理，先证后病；对药加减，协同增效；虫类通络，用量宜慎。预后调养：意疗医心，艺疗怡情；谨和五味，起居有常；药食同源，辨证施膳；丸药缓图，巩固防复。

2. 治学经历

1957 年考入上海中医药大学，1963 年毕业后分配至广安门医院。1964 年～ 1965 年，参加了赴北京郊区顺义县及山东沂蒙山老区巡回医疗队。1974 年成为急诊室负责人。1976 年担任了肿瘤科肺部肿瘤病房“猪苓多糖治疗原发性肺癌”课题组组长。1981 年成为广安门医院中央卫生部全国第五期西学中班教研组组长。1983 年广安门医院重新开办急诊科，被认命为急诊科主任。1984 年 4 月，被卫生部中医司认命为胸痹急症协作组组长。1985 年调至中国中医研究院中医基础理论研究所，担任副所长、所专家委员会副主任委员。1991 年起担任中医基础理论研究所胸痹急症研究室主任、所学术委员会副主任委员，直至退休。

3. 师承关系

沈绍功为上海大场枸橘篱沈氏女科第十九代传人。沈氏女科始于明初，传承至今，历经 20 代，绵延 600 载。明太祖朱元璋洪武年间（约公元 1368 年）先太祖沈庶开始悬壶业医，善治女科诸疾，且通晓内科，著有《女科抉微》、《内科证治》等医籍，成为沈氏女科的开山鼻祖。至清光绪年间（约公元 1875 年），先祖翁十四世孙字辈，迁居申浦（上海市前身），在北郊大场置地筑宅，周边植以枸橘爬藤为篱墙。因疗效出众，遐迩闻名，有“上海大场枸橘篱女科”之美称。1931 年淞沪抗战爆发，先祖十七世复来号心九先生痛别故里，迁居至现今的上海静安区置宅悬壶，仅数年，求医者纷至沓来，疑难沉疴常应手而瘥。十八世宗麒，号祥之，行医 60 余年，继承完善了家传效方近 50 首。自十八世后不仅局限于女性，内妇各科、男女患者均纳入诊治范围。

学术成就

1．论文论著

行医 50 余年来，共编写著作 20 余部，发表论文 40 余篇。其中《中医心病诊断疗效标准与用药规范》、《中医心病治法大全》、《沈绍功中医方略论》分获中华中医药学会学术著作一、二、三等奖。《现代中医心病学》获北京优秀科技图书三等奖，《痛证大成》获华东地区优秀科技图书二等奖。

2．获奖情况

从事胸痹心痛研究数十年，积极开展不同中医疗法治疗冠心病心绞痛的临床和实验研究，获得业内的认可。其开展的“心痛口服液临床与实验研究”获 1992 年度国家中医药管理局全国（部级）中医药重大科技成果乙级奖并被推荐 1993 年度国家级科技进步奖的参评。“心痛气雾剂临床应用与实验研究”获得中国中医研究院科技成果二等奖、国家中医药管理局全国（部级）中医药重大科技成果乙级奖，并被收入国家科委“科学技术研究成果公报”。先后获得中国中医研究院“七五”、“十五”期间对中医药科技进步作出突出贡献奖。研制的“补心气口服液”、“滋心阴口服液”、“心痛舒喷雾剂”获卫生部中药三类新药证书和准字号生产批文，并获国家专利。

传承脉络

沈　庶→沈复来→沈宗麒→
- 沈绍功→
  - 韩学杰→谭　勇、刘兴芳、王丽颖
  - 汪　浩、郭复亮、于春旗、汪贵和、贾自允、王敬忠、杨雁群、李海玉、辛春燕、谷继顺、谷瑞华、崔叶敏、宋永江、王再贤、孙占山、王学谦、高　峰、王　蕾、罗增刚、张治国、丁京生、连智华、李成卫、杜文明、贾海骅、张印生、杨金生、沈　劼、沈　宁
- 沈依功

供稿人：韩学杰

孙桂芝

第四、五批全国老中医药专家学术经验继承工作指导老师

个人简介

孙桂芝，女，1937 年 12 月出生，山东淄博人。主任医师，教授，博士生导师，博士后导师，中共党员。享受国务院特殊津贴。肿瘤科学术带头人，中国中医科学院广安门医院学术委员会委员。1964 年毕业于山东医学院。兼任中国疑难病防治研究委员会理事，国际癌症康复会理事，中国中西医结合研究会北京肿瘤委员会委员，全国中医药学会中医康复会理事，国家食品药品监督管理局评审专家，中央保健委员会委员、会诊专家，《中华临床医药杂志》编委等。

学术观点

1. 学术特色

多年来一直从事中医及中西医结合肿瘤临床及实验研究工作，采用整体辨证和微观辨病相结合诊治了中晚期各种肿瘤患者 60 余万人次。根据肿瘤的不同部位、不同病理类型、不同中医证型及患者体质，根据药效靶点及药物归经，选用较明确的方药进行诊治，受到显著疗效。在肿瘤治则治法研究中提出健脾益肾为主要大法，根据肿瘤生物学特性及发病后肌体内环境的改变，提出扶正培本治则治法。以辨证选用经方为主，灵活运用验方及协同对药为辅，选方得当，用药配伍适时治疗难治性中晚期肿瘤形成了个人独到的特色。在此期间进行了有效方剂和药物扶正、抗瘤、防复发转移的动物实验研究，有了明确的疗效。在此基础上，运用到临床，筛选出对抗转移防复发系列有效方药与方案。

2. 治学经历

1937 年 12 月出生于山东省博山市，高中时父亲不幸去世，失去了生活来源，大学期间，利用假期勤工俭学挣取学费，生活的磨难造就了她坚忍不拔、勇往向前、努力攀登高峰的性格。1964 以优异的成绩毕业于山东医学院。大学毕业后分配到青岛医学院担任生理病理教学，并从事过法医。1971 年调到中国中医科学院之后，在从事肿瘤临床的过程中，向名老中医学习的每一点都认真消化，融会贯通，夯实了中西医结合的理论基础。

3. 师承关系

1971 年调入中国中医研究院广安门医院内科，得到沈仲圭老师的指导，1972 年因工作需要调入肿瘤科工作，1972 年 3 月至 1973 年 2 月被派到中国医学科学院肿瘤医院内科进修，师从肿瘤内科孙燕教授，发现肿瘤化疗的副作用非常大，如何防治其副作用成为治疗成败的关键。能否发挥中医药防治肿瘤化疗的副作用？带着这样的问题结束了进修学习。参加“第二届全国西医离职学习中医班”学习，以求系统学习和掌握中医的理论，寻求肿瘤治疗中的突破。结业后在与余桂清主任医师等共同工作中发现化疗伍用中药，治则

不同，其疗效有差异，于是就萌发了实验筛选有效方药的想法。1975 初在姜廷良研究员指导下，与林邦全一起，对临床常用的心脾方、脾胃方、脾肾方、肝胃方开展了实验研究，反复的实验研究发现健脾益肾法的疗效优于其他治则、方药，遂与余桂清主任共同拟定了脾肾方组成（即健脾益肾冲剂），率先创制了健脾益肾，扶正培本法配合化疗治疗肿瘤的研究大法，并开展了扶正培本治则与系列方药的深入研究。

学术成就

1. 论文论著

主编与合编著作 6 部，主编《孙桂芝实用中医肿瘤学》《常见肿瘤诊治指南》，合编《中西医结合治疗癌症有效病历选》、《中西医结合防治肿瘤》、《实用中西医结合诊断治疗学》、《中医肿瘤学》、《百科全书中医内科分册》等。撰写了《扶正培本系列方药治疗胃癌的临床与实验研究》、《扶正培本系列方药在胃癌综合治疗中应用 32 年的启示》、《健脾益肾冲剂治疗晚期胃癌 669 例扶正作用的临床与实验研究》等论文 150 余篇。

2. 获奖情况

主持参加了国家“六五”、“七五”、“八五”及国家中医管理局课题、国家自然科学基金等原创性国家级课题研究 14 项，获成果奖 16 项，其中国家级 1 项、部级 7 项、院级科技成果奖 8 项。第一完成人的 13 项，第二完成人的 2 项，第四完成人的 1 项。在科研工作中多次评为突出贡献工作者，获得首届西城区百名英才突出贡献奖。

在教学工作中她诲人不倦，严格要求，一丝不苟，先后培养出培养硕士生 18 名，博士生 18 名，博士后 10 名。

传承脉络

沈仲圭
余桂清 →孙桂芝→张培彤、王　逊、李　杰、李东涛、卢雯平、卢金玉、吴　洁、唐晓颇、何立丽、王振华、于明薇、刘永衡、顾铭波、赵　杰、唐开天、刘　声、王靖思
段凤舞

供稿人：王　逊

广安门医院

孙树椿

第三、四、五批全国老中医药专家学术经验继承工作指导老师

个人简介

孙树椿，男，1939 年 7 月出生，汉族，河北省蠡县人。主任医师，博士生导师，中共党员，享受国务院政府特殊津贴。第一批国家级非物质文化遗产“中医正骨疗法”传承人，国家药典委员会委员，国家中医药管理局重点学科学术带头人，国家中医药管理局重点专科带头人。中国中医科学院首席研究员，中国中医科学院科学技术委员会委员。1964 年毕业于北京中医学院（现北京中医药大学），从事骨伤科的临床、科研和教学工作近 50 年。历任中国中医研究院骨伤科研究所所长、北京针灸骨伤学院骨伤系主任等职。国家级名老中医，中央保健会诊专家，中华中医药学会副会长，世界中医药联合会骨伤专业委员会会长，中华中医药学会骨伤科分会主任委员，中华中医药学会风湿病分会、急诊分会副主任委员，北京中医药学会骨伤专业委员会主任委员。担任全国高等中医院校骨伤科系列教材编委会主任委员，《中国骨伤》、《中国中医骨伤科》、《中医正骨》副主编。

学术观点

1. 学术特色

从医近 50 年来治学严谨，勤于思考，善于总结，在坚持中医理论的基础上善于灵活运用中西医两种方法，进行诊断和治疗骨伤科筋伤疾病，积极提倡运用中医手法治疗，努力挖掘和发扬祖国传统医学特色。通过多年的临床经验总结，形成独具特色的筋伤治疗方法并大力倡导手法操作规范，发挥优势；明确提出了“腰椎间盘突出”不等于“腰椎间盘突出症”，“骨质疏松”不等于“骨质疏松症”，“骨质增生”也不等于“骨性关节病”的开创性的观点；对颈椎病的发病机理及其治疗进行了较为深入、系统的研究。提出了一整套对颈椎病诊断和治疗独特的方法，在他带领下开展的“不定点旋转手法治疗颈椎病”的方法在国内中医学术界独树一帜；主张中医骨伤科发展当理论与临床并重，治疗上辨病与辨证结合，内治与外治相辅，动静结合，主动为主，筋伤辨治，气血为要。

2. 治学经历

1958 年进入北京中医学院中医系学习，1964 年毕业后分配至东直门医院骨科，师从刘寿山先生。1964 年至 1985 年在北京中医学院附属东直门医院任住院医师、主治医师、讲师，1985 年至 1990 年任中国中医研究院骨伤科研究所副主任医师，1990 年至今，任中国中医科学院骨伤科研究所主任医师、硕士生导师、博士生导师。多年来一直从事骨伤科的临床、科研和教学工作，擅长治疗各种骨伤科疑难疾病。对中医骨伤手法钻研尤深，得到了北京骨伤科名医刘寿山先生的亲授真传，对宫廷正骨学派要义体会颇深。同时又博采大江南北诸家名医之长，积累自己多年临床经验，形成了“入其法而又出其法”的独特手法，真正体现了“机触于外、巧生于内、手随心转、法从手出”正骨手法要旨，常有手到病除的疗效。

学术成就

1. 论文著作

主编出版的著作有《清宫正骨手法图谱》、《临床骨伤科学》、《中医骨伤科学》、《中医药治疗颈痛》、《中医筋伤学》、《中国医药保健推拿图谱》(英文、德文、法文、西班牙文)、《实用推拿手法彩色图谱》、《筋、骨缝损伤》、《刘寿山正骨经验》等10余部。此外在国家一级杂志及国内外学术会议上发表论文30余篇。

2. 获奖情况

《意念导引功治疗颈椎病的临床研究》获得1992年国家中医药管理局科技进步三等奖;《实用筋伤手法整理研究》获得1993年国家中医药管理局科技进步二等奖;《神经根型颈椎病“血瘀气滞、脉络闭阻证”的研究》获2004年中华中医药学会科技进步一等奖;《孙氏手法治疗颈性眩晕的规范化研究》获2007年中华中医药学会科技进步二等奖;《孙树椿筋伤学术思想及临证经验研究》获2008年中华中医药学会科技进步二等奖;《急性腰部筋伤手法操作技术及临床推广应用》获2009年中华中医药学会科技进步二等奖;《旋提手法治疗神经根型颈椎病的临床和基础研究和应用》获2009年国家科技进步二等奖。

传承脉络

刘寿山→孙树椿→朱立国、张　军、刘秀芹、高景华、罗　杰、张　清、齐越峰、王立恒、赵忠民、王庆甫、雷仲民、于　栋、王尚权、赵国东、范　东、张　淳

供稿人:张　军

唐由之

第三、五批全国老中医药专家学术经验继承工作指导老师

个人简介

唐由之，又名唐昆吾，男，1926年7月出生。主任医师，教授，博士生导师，享受首批国务院政府特殊津贴。我国中医、中西医结合眼科的学术带头人，著名眼科专家，国医大师。中国中医研究院名誉院长。从事中医、中西医结合眼科疾病诊疗60余年，曾为毛泽东主席、柬埔寨前首相宾努亲王、朝鲜金日成主席以及印度尼西亚前总统瓦希德等国内外领导人诊治眼病，在国内外眼科学术界享有盛誉。

学术观点

1. 学术特色

对眼科领域中仍属难治的病种，应用现代化的手段进行临床和实验研究，运用中医眼科理论辨证论治，在白内障、青光眼、缺血性视神经病变、视神经萎缩、糖尿病视网膜病变、视网膜中央静脉阻塞、老年性黄斑变性及视网膜色素变性等疾病的临床诊疗方面积累了丰富的经验，在中医眼科学术理论方面有较多的创新观点。

唐由之在临床治疗眼底疑难病方面积累了丰富的经验，重视气血辨证，认为气血理论与眼底病变密切相关，提出气血理论在眼科临床的应用，认为气血失调是贯穿眼底病整个病程的基本矛盾，总结了眼底疑难杂症从气血论治的宝贵经验。按照以调和气血为主的治疗大法，设立了从气论治、从血论治、痰瘀同治等治法，对复杂多变的眼底疑难病的治疗具有重要意义。提出了眼底病辨证以气血理论为依据，辨证与辨病相结合的中西医结合的诊治模式。

2. 治学经历及师承关系

1926年出生于杭州，自幼便跟当画家的大哥学习国画，同时也学习一部分古典文学。14岁就读初等中学期间，其母谢世，家境日下，不得已中途辍学，由其兄唐云接到上海生活，续读于无锡国学专修馆上海分校，专攻古典文学，晚间师其兄学习国画、书法。1942年经唐云友人石瓢僧人引见，拜上海中医眼科名医陆南山为师。由于唐由之聪颖过人、谦虚好学，深得陆南山器重，常使之伴其左右，指点要诀。1946年，受陆先生委托，到苏州开设的陆氏眼科分诊所代理陆先生应诊。1947年底返归故里，在杭州市上珠宝巷开设昆吾眼科诊所，1951年响应国家号召，首批加入联合诊所工作。1952年，获国家选拔在职中医培养提高的良机，考入北京医学院医疗系，1957年毕业，分配到中医研究院从事眼科的研究、临床和教学工作，并兼任北京中医学院眼科教学工作。

学术成就

将白内障针拨术切口部位定位标准化，制定规范化拨障操作程序，术中和术后并发症逐步得到控制。首先提出以睫状体平坦部

作为内眼手术的切口部位，论证了睫状体平部切口的科学性，比国外开展此类手术先行了16年。1966年4月，时任卫生部副部长傅连暲主持召开了白内障针拨术科研成果鉴定会，该项目得到了国内中西医眼科专家好评，一致通过了鉴定，并且制定了推广培训方案。此项成果为我国中医药领域经过中西医专家进行科学审定的第一项科研成果。1978年3月，唐由之出席了我国第一次全国科学技术代表大会，并获得个人奖状。1985年白内障针拨套出术的研究获得了中华人民共和国科学技术进步二等奖，为中医中药在临床医学领域中首次荣获国家科学三项技术进步奖之一。

通过对中医眼科文献整理，对古方秦皮汤进行了深入研究，研制了抗病毒一号滴眼剂。该项课题研究于1991年获国家中医药管理局科技进步二等奖。1996年中医药治疗原发性视网膜色素变性获得国家中医药管理局科技进步二等奖。1996年中医药治疗原发性视网膜色素变性获得国家中医药管理局科技进步二等奖。

鉴于在中医、中西医结合治疗眼科方面所作的贡献，1984年他被国家人事部授予“中青年有突出贡献的专家”证书，1986年国家卫生部授予“全国卫生文明先进工作者”的荣誉称号，1992年获朝鲜一级友谊勋章，1996年获香港何梁何利基金会科学与技术进步奖，1998年获中国广州仲景中医药奖励基金会杰出成果奖，2001年中国中西医结合学会授予“中西医结合贡献奖”，2006年中华中医药学会授予“国医楷模”证书和中医药传承“特别贡献奖”，2008年世界中医药学会联合会授予“王定一杯中医药国际贡献奖”，2008年12月荣获“首都国医名师”荣誉称号，2009年荣获国家人力资源部、卫生部、国家中医药管理局授予的“国医大师”荣誉称号，并获“中央国家机关五一劳动奖章”。先后主编了《中医对沙眼的认识》、《中西医结合手术治疗白内障》、《中国医学百科全书——中医眼科分册》、《中医眼科全书》，并在眼科专业杂志发表论文数十篇。

多年来一贯十分注重科研、教育与医疗实践相结合，1969年至1970年在广西的广大农村从事医疗和研究活动，1971年至1972年又到福建省龙溪、漳州等地，从事白内障套出术的研究和推广工作。1978年以后，将研究与教学结合起来，从事中西医结合眼科研究生的培养工作，共培养学生19名，其中博士16名、硕士1名 、学术经验继承人4名、传承博士后1名。

传承脉络

陆南山→唐由之→
- 博　士→吴星伟、谢汉兴、樊岚岚、马文新、邱礼新、王　影、李学晶、王慧娟、任燕如、于　静、钟舒阳、周尚昆、江　伟、詹文捷
- 硕　士→冯　俊
- 学术经验继承人→巢国俊、邱礼新、梁丽娜、郝晓凤
- 传承博士后→王　婷

供稿人：巢国俊

田从豁

第二、五批全国老中医药专家学术经验继承工作指导老师

个人简介

田从豁，男，出生于1930年8月23日，汉族，籍贯河北。主任医师，研究员，博士生导师，博士后导师。中共党员，从事中医临床及研究60余年。曾任中国中医研究院针灸所第二研究室副主任、主治医师及副主任医师；中医研究院情报研究室负责人。中医研究院广安门医院内科副主任、针灸科主任。WHO北京针灸培训中心副主任、教授。中国针灸学会常务理事、副秘书长；中国针灸学会高级顾问。《中华中医药学刊》名誉顾问。

学术观点

1. 学术特色

学术观点：注重辨证论治，重视调理脾胃，将针灸、中药、按摩等有机结合并用，孰先孰后均有法度。在针灸治疗中，掌握理、法、方、穴、术五个环节，尤注重选方配穴这一环节。根据经络脏腑的关系，穴位的性质、功能，结合辨证求经配穴，随证灵活选用，严谨得当。在治疗中尤善于把握邪正消长，权衡扶正祛邪，重视调理人体正气，恢复人体机能，故治病疗效显著。提出“冬病夏治”的治疗法则，在防治慢性气管炎和哮喘病方面发挥了重要作用。

技术经验：强调针灸医生必须练好气功，以心通气，气从手出，随针而入，通经行气，以意念治病。在针灸临床中常常灵活选用不同治疗方法，如毫针、芒针、灸法、穴位贴敷、刮痧、拔罐、放血、火针、捏脊、穴位注射等，每次根据不同情况或单独运用，或结合两种或几种方法，以增强疗效。

2. 治学经历

1947年毕业于中国医科大学医学系，获学士学位。随高凤桐、朱琏学医跟师出诊10年间，阅读了大量中医古籍。1953年受中国中医研究院指派，在中南大区卫生部开办针灸师资训练班，1953年～1954年，到全国各地采风期间，寻找地方名老中医人才，虚心求教，做笔记，细心整理。中南地区有杨济生、孙惠卿、米斡青、王瑞卿，华东地区有承淡安、陆瘦燕、赵尔康，西北地区有黄竹斋、高云鹏，华北地区有针灸专家高凤桐、郑毓林、王乐亭、王易门。针药并用的专家叶心清、赵锡五、冉雪峰、钱伯宣，按摩师卢英华、丁伯玉等。

学术成就

1. 论文论著

发表《针灸治疗定期性四肢麻木》、《过梁针治疗精神分裂症》、《针灸治疗妊娠剧吐症的初步观察》、《针灸治疗坐骨神经痛

45例疗效观察》、《针灸治疗半身不遂有关经络穴位作用的研究》、《针灸治疗溃疡病55例临床疗效观察》、《十二指肠溃疡针灸治疗前后胃酸分泌观察》、《冬病夏治消喘膏治疗喘息型气管炎和哮喘的临床研究》、《亚急性甲状腺炎针治经验报告》、《针刺孔最穴平喘作用的初步研究》、《灸法解热的临床观察和实验研究（附154例分析）》、《核桃皮眼镜灸为主治疗视网膜色素变性40例临床观察》、《针灸医学发展的新起点——忆五六十年代针灸医学的发展概况》、《皮下埋针治疗哮喘的初步观察》等论文。主编《针灸医学验集》、《中国灸法集粹》、《传统针灸》西班牙文版、《百病针灸治疗经验集》西文版、《古代针灸医案释案》、《田从豁临床经验》、《中国现代百名中医临床家丛书田从豁》、《中国贴敷治疗学》等著作。

2．获奖情况

《中国灸法集粹》获1999年北京科技进步奖，1956年主持研制的“冬病夏治消喘膏”获卫生部科技成果奖。

传承脉络

朱　琏、高凤桐→田从豁→
- 王　寅→刘　军、陈　艳、宋世运、穆　岩、陶　沙、朱　蕊
- 刘志顺→叶永铭、刘元石、于金娜、王　扬
- 赵　宏→赵　宁、侯振善
- 陈绍武、王　岱、朴炳奎、刘保延、王映辉、许培昌、章珍珍、李其英、李以松、邵淑娟、张秀英、箱岛大昭、林　海、杨　涛、王　蕊、彭冬青、聂文彬

供稿人：王　蕊

王今觉

第三批全国老中医药专家学术经验继承工作指导老师

个人简介

王今觉，男，1942 年 4 月出生，汉族，吉林长春人。研究员、主任医师、硕士研究生导师，无党派。1968 毕业于北京中医学院（现北京中医药大学）中医专业，后在新疆边境的公社、县、专区各级医疗机构从事中医内、外、妇、儿、眼科和西医内科等各科临床医疗、教学、基础理论与文献研究，采药、种药、炮制、制药。多次进入天山腹地、边境禁区、戈壁沙漠深处，开展巡回医疗、流行病学普查与中药资源普查，治愈大量常见病与疑难病。1990 年调入中国中医研究院中药研究所工作。曾任国家药监局评审“地标转国标”消化病组、肾病组医学专家，中国中医科学院中药研究所专家委员会委员，中国医史文献研究所职务评审委员会委员，中国药学会会员，中国医师协会会员，“《中华本草》临床与文献专业”编委，《光明中药》杂志编委。

学术观点

1. 学术特色

提出“辨病证医药学”观点。主张在辨清疾病之后，必须辨清证候。每一疾病均有区别于其他疾病的“核心特征”。不同个体在不同阶段、不同情况时，围绕“核心特征”有某些“个性特征”而形成不同的“证”。医家务必不能舍弃“病”而单独研究“证”。“证”体现出“病”的个性，是“病”的一部分，不独立于疾病之外、不与疾病平行、不包括疾病，而是紧密联属于“病”，并被疾病包括“可供引征为据的具有个性并随时变化的情状特征”。在临床时，主张“治病”而不是“治证”，“辨证”只是诊病、辨病之后的一个重要环节。不能用“证”代替“病”，不能用“辨证”代替“辨病”，也不能用“辨证”代替“辨病证”。要辨清“六病”（病因、病位、病机、病性、病状、病势）、“十六纲”（阴阳、表里、上下、远近、气血、寒热、虚实、盛衰）、“二十邪”（虚、湿、饮、痰、瘀、郁、风、寒、暑、火、热、温、燥、疫、虫、毒、情、食、劳、伤）。指出人体患病后，证候与人体脏腑、组织、器官密不可分，辨证不能脱离脏腑、相应的组织、器官等物质基础。治疗疾病的处方主要由“核心方药”和“随证方药”构成。“核心方药”应确实能符合疾病核心特征，“随证方药”应既能符合证候，又能与“核心方药”协调。

创建“望目辨证诊断学”。在《内经·素问·阴阳离合论》、《灵枢·根结》、《灵枢·卫气》等篇关于“命门者目也”的论述基础上，指出“目”通过经络与全身脏腑密切关联，是观察生命状态的门户，发现五脏、六腑、奇恒之腑在白睛的分布部位、各种眼象及临床意义，创建了完全遵循中医学传统理论的“望目辨证”诊断疾病证候的理论和方法，主张在运用传统诊断法的同时，运用“望目辨证”诊断法，从而使中医诊断更直观、更客观、更具体、更全面、更准确、更及时、更方便、更迅速、更具有前瞻作用，与当前广泛应用的传统舌诊、脉诊参互运用，可使诊断更加准确。经过五十多年研究，历时十三寒暑完成的专著《望目辨证诊断学》于 2013 年出版。

继承和发扬了“本草学派”的用药特点，并结合现代西医药学的研究成果，提出了具有“现代本草学派”的临床用药思想。临床

用药主张严格遵循性味归经、升降浮沉、君臣佐使、七情等中医药学理论，并在准确运用中医学理论原则下，参考现代西医药学合理的科研成果，使中医处方既符合中医学理论，又具有西医的药理作用，从而具有确实的临床疗效。组方药味或多或少，剂量或大或小，重点明显，步骤清楚、层次分明，用药平稳，疗效确切，每以安全平和药物而起疑难沉疴。

2. 治学经历

幼承家学。1960 年 2 月，一边上高中，一边拜父亲的尹姓朋友之妻汪大夫和父亲的朋友李佑生大夫为师，开始正规学习中医理论、方药与针灸。1962 年考取北京中医学院（现北京中医药大学）中医系中医专业，系统深入学习了西医学和中医学，跟随颜正华、周信友、谢海洲、宋孝志、殷凤礼、董建华、施汉章、马龙伯、杨甲三诸位知名教授和国医大师，学习他们宝贵的临床经验、学术思想、临床作风与医德。长期从事临床医疗与药学实践，钻研古典文献与历代中医药学著作，保存临床诊疗病例二十余万份，从中总结正确与错误之处，分析经验与教训，不断加深认识，提高疗效，创建“辨病证医药学”和“望目辨证诊断学”。

学术成就

1. 论文论著

发表论文 40 篇，已刊行独著、合著各两部，2013 年刊行独著一部。其中，《用药珍珠囊》点校辑补本（独著）。发现失传四百余年的元代李东垣《珍珠囊》世间珍贵孤本，纠正了既往文献上的错误，考证、辑补了书中残缺文字数百处，恢复原书全部内容，填补了本草文献研究上的空白。

《珍珠囊指掌补遗药性赋》点校注释重订本（独著）。逐一考证著者，解决书名、成书年代、内容构成及衍变，追查出众说纷纭的六陈歌、十八反歌、十九畏歌、妊娠服药禁歌的文献出处，完善全书体例、内容，分析并绘制版本源流，解决了明代至今百余种版本中存在的复杂疑难问题。

《中华本草》（合著）被《中国中医药报》评为建国 50 周年重大成就之一。

《望目辨证诊断学》（独著）是自华佗以来在中医诊断学方面的重大发现。

2. 获奖情况

1989 年获中国国家卫生部“孙氏鼓励医学科研奖励基金”三等奖，2004 年获中国中医科学院广安门医院“师带徒工作奖”。2011 年获中国北京同仁堂集团“中医大师”称号。

传承脉络

谢海洲
周信有 →王今觉→
颜正华

传承人：提桂香、邱　萍等 8 人
硕　士：王　霞等 5 人
私淑弟子：李大奇等 3 人

供稿人：提桂香

王书臣

第五批全国老中医药专家学术经验继承工作指导老师

个人简介

王书臣，男，1945年10月出生，汉族，河北省雄县人。主任医师，研究生导师，中共党员，享受国务院政府特殊津贴。中国中医科学院科学技术委员会委员，中国中医科学院学术带头人。1983年毕业于中国中医研究院中西医结合专业，获中西医结合临床硕士学位。从事呼吸系统疾病的临床、科研和教育工作近40年，历任中国中医研究院西苑医院院办主任、呼吸科主任、西苑医院院长。现任中华中医药学会肺系病分会副主任委员，中华中医药学会养生康复学会副主任委员，世界中医药学会联合会呼吸病专业委员会副会长，中华中医药学会内科学会常委，中华中医药学会理事，北京中西医结合呼吸专业委员会主任委员，北京中医药学会常务理事，国家食品药品监督管理局新药评审专家，中华医学科技奖评审委员会委员。担任《中医杂志》、《中国中医急症》、《现代中医药（香港）》等医学期刊编委。

学术观点

1. 学术特色

在近40年的医疗工作中始终坚持以中医治疗为主，擅长中医药治疗急慢性咳嗽、支气管哮喘、间质性肺病、肺癌、慢性阻塞性肺疾病、支气管扩张等呼吸系统疾病及内科疑难杂症，重视呼吸系统疾病疑难重症的中医诊疗。“肺络痹阻”是其从治疗肺间质纤维化的经验中提炼出来的学术观点，在肺虚－血瘀－络闭的病理演变和疾病发展规律中，提出了肺间质纤维化“肺痹”与“肺痿”同病以及“先痹后痿”的观点，以软坚散结、通痹活络为法，明显提高了肺间质纤维化的诊疗水平，显著改善了病人的生活质量，获得了满意疗效。此外，他还提出了支气管哮喘患者应重视缓解期的治疗和肺肾同治的观点，运用补肾健脾、化痰祛瘀法治疗慢性阻塞性肺疾病缓解期，取得了满意疗效。

2. 治学经历

祖父是当地有名的中医，受家庭的影响，从小就与中医药结下了不解之缘，祖父在治病时表现出的崇高医德和精湛医术，给他留下了深刻的印象，让他从小就喜欢上了中医。高中毕业后被保送到了北京外交学院，这在当时可算是一种殊荣，1969年从北京外交学院毕业后，被分配到外交部工作，出于对中医的爱好，他把业余时间都放在了对中医药的研究上。1973年，已经从事了三年外交工作的王书臣考入了北京中医学院成人中医班，1976年毕业后在北京中医药大学东直门医院工作，1980年考入中国中医研究院西苑医院，师从全国著名中医药专家许建中教授，1983年获中西医结合呼吸专业的硕士学位。此后，历任中国中医研究院西苑医院院办主任、呼吸科主任，当选为西苑医院院长，为能更好地推动中医药事业的发展做了大量工作。参加了国家中医药管理局和中华中医药学会对人禽流感、H1N1流感防治方案的制定工作、内科疾病标准化制定工作，以及编写WHO西太区传统医学临床实践指南——呼吸系统疾病的工作。

3. 师承关系

从医经历中，受到许建中等多位中医前辈的谆谆教诲，注重李东垣的脾胃为元气之本，重视脾胃，以及朱丹溪“阳常有余、阴常不足”之理，临床实践中不断探索治疗呼吸系统疾病重养阴润肺、培补中焦的方法，逐步形成了自己的润肺、健脾、补肾为主的辨证思路和治疗特点。

学术成就

1. 论文论著

发表学术论文50余篇，在《中医杂志》上发表文章《中医辨证治疗肺纤维化分型探讨》，多次被选用参加了国际学术交流，并先后被国家自然科学基金和国家中医药管理局立项资助进行深入研究，已经取得初步成果，创立了“肺纤平”、“肺纤通”等有效治疗方剂，在中医治疗肺间质纤维化取得了良好疗效。主编《实用内科病证结合诊断治疗学》和《常春藤养生保健系列丛书》两部专著，均获中华中医药学会三等奖。

2. 获奖情况

在科研工作中先后主持承担了国家自然科学基金、国家“九五”、“十五”攻关、国家科技部863计划、国家中医药管理局创新工程等十余项科研课题，其中“九五”攻关课题、1035工程项目“国家新药（中药）临床试验规范化研究”获2004年中华中医药学会科技进步奖二等奖、中国中医研究院科技进步奖二等奖。2003年全国抗击SARS期间，担任国家中医管理局和北京市中医药管理局专家组成员，荣获中国科协颁发的优秀科技工作者称号。2006年获中国中医科学院十五期间“先进科技工作者”称号。

传承脉络

许建中→王书臣→
- 苗　青→
  - 魏鹏草
  - 从晓东
- 崔　云
- 樊茂蓉

供稿人：苗　青

王孝涛

第一、二批全国老中医药专家学术经验继承工作指导老师

个人简介

王孝涛，男，1928年6月出生，汉族，浙江省平阳县人。研究员，硕士生导师，中共党员，享受国务院政府特殊津贴。中国中医研究院资深研究员，中国中医研究院荣誉首席研究员，中国中医科学院学术委员会委员，现任中国中医科学院“名医名家传承项目”传承导师，2007年被文化部确定为国家级非物质文化遗产“中药炮制技术”项目代表性传承人。1951年毕业于浙江医学院药科。从事生药学和中药炮制学研究工作60余年。历任中药研究所炮制研究室主任，全国政协委员会委员，国家药典委员会委员，国家秘密技术审查专家组专家，国家中医药局中医药工作咨询委员会委员，中国药学会北京分会理事，中国药学会理事，中华中医药学会终身理事、炮制分会名誉主任，中国中药协会中药饮片专业委员会名誉主任，当代中医药发展研究中心理事会理事，中国民间中医药发展协会专家咨询委员会委员等。曾任《中医杂志》特约编委，《中国中药杂志》、《中国药学杂志》等8个杂志编委、顾问。

学术观点

1. 学术特色

中药炮制是按照中医辩证用药和制备中药制剂的需求将药材制备成一定规格饮片的一项独特的传统制药技术。中药饮片是中医的处方用药，王孝涛的工作重点一直围绕中药材和中药饮片生产以及中医临床用药需要进行系统的科学研究工作。他曾提出“中药采制控制论”和“中药炮制制（解）毒增效论”，认为中医药科研工作应以中医药传统理论为指导，在继承中医药理论和中药传统生产、制药技术的基础上，根据中医辨证用药特点，运用传统和现代的科学方法，对道地药材的品种质量和中药制药传统工艺等进行系统多学科综合研究，阐明其基本科学原理，改进传统制药工艺和设备，推进中药传统制药技术向工业化、现代化方向迈进，从而提高和丰富了中药和中药制药技术等科学的学术水平，为中药炮制科研起到了导向作用。

2. 治学经历

早期从事道地药材的品种质量研究，深入道地产区对当归、大黄、附子、黄连、黄芪、甘草等进行药材资源调查，总结老药农的种植、采制等生产技术经验，并收集其原植物、药材标本等，尔后继续总结整理出道地药材种植、采制的生产技术规程和正品药材质量传统鉴别经验等科学资料。首次澄清了国产当归、甘草的品种等问题，为开展道地药材品种、生产、质量的规范化研究积累科学资料。国产当归、甘草的品种学名被自1963年后的各版《中国药典》所收载。

他是中药炮制学科的奠基人，为创建和完善中药炮制学科和实现传统炮制技术现代化做出了突出贡献。《中药炮炙经验集成》、《历代中药炮制资料辑要》、《历代炮制法汇典》等是将近400年来师徒间世代口传心授传承的炮制技术经验总结为文字资料，为炮制技术传承和科研打下了基础。在较全面继承整理古今中药炮制技术资料的基础上，开展了毒性中药炮制的科学研究，利用现代科学技术手段，对天南星科的常用中药半夏、白附子、天南星等进行炮制历史沿革、炮制工艺、炮制化学、炮制药理以及临床验证等多学科综合研究，优选制订了清半夏、法半夏、制白附子、制天南星等炮制新工艺和其饮片的质量标准。

3. 师承关系

他出生成长在浙南的一个民间乡村眼科中医家庭，自幼受到中医治病经验的影响，在医学院药科学习得到名师的指导，系统学习了生药学（叶三多教授）、药剂学、制药工程学和中药栽培学等基础知识。在工作初期又在职学习了中医药理论（朱颜教授）、古本草学（赵燏黄教授）、中药炮制学（王佩珊老师）等传统中药、制药的知识。他和同一时代一些炮制专家和有经验的老中药师傅也多有交流，如李延颐、傅宝庆、陈绪纶、沈光禩、许志明、赵思竟等。

学术成就

1. 论文论著

在长期传承、整理文献、研究工作中作为主编和副主编著有《中药炮炙经验集成》、《历代中药炮制资料辑要》（内部出版）、《中药饮片炮制述要》、《全国中药炮制规范》、《历代中药炮制法汇典》、《中华本草》等20部中药炮制学或相关著作。公开发表120多篇专业论文，其中《古代中药地黄炮制历史沿革研究》被誉为中药炮制文献整理研究的范文，对在全国各地开展中药炮制历史沿革研究起了积极的作用。

2. 获奖情况

主持或参加的毒性中药半夏、白附子、天南星、商陆、芫花、青木香等炮制研究的国家和部局级课题获部局级奖9项，院级奖11项。编撰出版的中药炮制专著获全国医药卫生科技大会奖1项，院级奖2项，全国首届优秀医史文献图书银奖1项。1991年获国务院颁发的“为发展我国医疗卫生事业做出贡献”表彰证书。1994年、2000年获得人事部、卫生部和国家中医局颁发的“为培养中医药人才做出贡献”荣誉证书。2009年被文化部评为国家级非物质文化遗产保护工作先进个人。

传承脉络

1978年起在国内率先招收中药炮制学科硕士研究生，指导学生于留荣等；作为全国名老中医药专家学术经验继承工作的指导老师，以师带徒方式培养学生曹晖；文化部“非物质文化遗产传承项目”和中国中医科学院“名医名家传承项目”培养学生程明、李娆娆、张志杰；以中国中药协会的名义设立炮制传承基地三个，培养传承人吴玢、江云、耿福能等。多次为中药炮制师资学习班、西药学中药班和日本、朝鲜、越南、蒙古、伊朗、泰国、韩国、马来西亚等留学生、进修生讲授中药炮制学课程。

王孝涛→
- 于留荣
- 曹晖
- 程明
- 李娆娆
- 张志杰
- 吴玢
- 江云
- 耿福能

供稿人：曹　晖、程　明

中药研究所

韦玉英

第一批全国老中医药专家学术经验继承工作指导老师

个人简介

韦玉英（1925 年 12 月～ 2004 年 10 月），女，汉族，浙江杭州人。主任医师，研究生导师，中共党员，享受国务院政府特殊津贴。被国务院人事部授予有突出贡献专家称号，中国中医研究院学术委员会委员。曾任中国中医药学会眼科专业委员会副主任委员，北京中医学会理事兼外科学会副主任委员，《中国中医眼科杂志》及《中西医结合眼科杂志》编委、顾问等。

学术观点

1. 学术特色

外障风火为先：组方多以祛风药和清热药为主，再依据病情兼用凉血、散瘀、止痛、滋阴、益气之品。代表方有羌活胜风汤、退红良方、偏正头风方、菊栀散热饮等。

内障重补兼通：常以补益药加活血理气药为基本组方形式，适加平肝、凉血、利湿、清热、解表、软坚、开窍之品。组方用药中补则各有所偏，通则贯彻始终，可简言为健脾、补肾、调肝、活血八个字。归纳所用方药为：逍遥散类调肝为重，六味地黄汤类补肾为主，补中益气汤类健脾为先，四物汤加味类活血养血为主。

专病治疗特色：儿童视神经萎缩重在治肝，早期风热为主，正盛邪旺，应平肝熄风，清热解毒；中期肝郁血虚，虚实并存，应疏肝养血，通补兼施；晚期脾虚肝弱，正虚为主，应理气健脾，养肝补肾。外伤性视神经萎缩化瘀为先，伤后初期应凉血止血，化瘀消肿，伤后中期（2 ～ 8 周）应活血化瘀，理气开窍；伤后日久，应益气养血，活血开窍。眼底血证病情复杂，变证多，强调病证结合，并按六法辨治。肝郁气滞，瘀血内阻，用丹栀逍遥散加减，疏肝解郁，理气化瘀；肝郁化火，肝火上炎，用韦氏瘀血灌睛方（生地、归尾、赤芍、栀子、荆芥、黄芩、黄连、龙胆草、白芷、槐花、炙甘草）清肝泻火，凉血止血，兼活血化瘀；肾阴不足，虚火上炎，用杞菊地黄汤化裁滋阴潜阳，凉血化瘀；心阴亏损，虚火妄动，用滋阴降火四物汤（四物汤加炒知母、黄柏、玄参、丹参、黄芩、淡竹叶、木通）滋阴降火，清心凉血；脾虚不摄，血溢脉外，用归脾汤加味益气健脾，养血止血； 外伤络损，血流脉外，用除风益损汤化裁，养血祛风，凉血止血化瘀。

擅长配合针刺治疗部分外眼病及内眼疑难重症：针刺选穴，常以局部为主，配合全身辨证循经取穴。眼肌麻痹所致口眼歪斜，常选睛明、瞳子髎、太阳、颊车、合谷、地仓等；能近怯远以攒竹、瞳子髎、四白、阳白、大椎、肾俞为主，配合光明、足三里等穴；视神经萎缩多选近眼三针睛明、上明、承泣，配合风池、太阳、光明、足三里、三阴交、肝俞、肾俞、脾俞等穴；一些原因不明的功能性疾患，如头风目眩，取百会、上明、合谷；偏正头痛用丝竹空、攒竹、印堂等。据其多年实践经验归纳眼病针刺多采取以下三法：首先，喜用眼四周经外奇穴，如上明、球后、鱼腰、太阳穴及属于足太阳膀胱经的睛明穴。其次，顽症、重症，如视神经疾病以近眼三针深刺取效。眼球四周针刺要达一定深度，但避免提插以求针感，可轻度原位捻转或留针后定时轻弹针柄，以诱导和加强刺激，保持针感。最后，常用透穴，如四白透下睛明，鱼腰透攒竹，太阳透瞳子髎 。

2. 治学经历

出身于中医眼科世家，其父现代名老中医韦文贵先生，既是其初入医门的启蒙老师，也是她全面继承学术特长和临证经验的专科老师。少年时代先后在浙江东阳永和小学及宁波迁至东阳的战地中学念书至高中毕业，受岐黄之术影响，自幼立志学医。早在中学时代，就边读书边利用余暇随当地知名秀才韦保茂叔公学习古汉语三年，打下扎实的古文学功底。1941 年 16 岁高中毕业后随父学医。1945 年在杭州韦氏文明眼科医院和父亲共同挂牌行医。1952 年和 1954 年先后结业于杭州市第二期中医进修班和浙江省立医院眼科专修班。1956 年受聘到卫生部中医研究院外科研究所眼科工作后，于 1957 年受组织委派在上海眼科前辈、名老中医姚和清门下学习一年。在京期间，先后在中国医学科学院协和医院及同仁医院眼科，和两院专家共同临床协作达 6 年，开展儿童视神经疾病的中医中药临床研究。在该两所著名医院眼科工作期间，虚心讨教于数位造诣颇深的眼科专家，熟练掌握了各项西医诊疗技术，为更好开展中西医结合诊疗眼病创造了条件。

学术成就

1. 论文论著

韦玉英主要执笔，高健生、沈德础等医生参加整理编写了《韦文贵眼科临床经验选》。参加编审、编写《中医症状鉴别诊断学》、《医论医话荟要》、《名老中医谈养生》等多部医学专著，在国内外期刊及国际国内学术会议发表论文 30 余篇。

2. 获奖情况

1965 年，“针拨白内障”通过部级鉴定后，她参加的“针拨白内障研究”获卫生部科技成果奖。主持的“明目逍遥汤治疗血虚肝郁型儿童视神经萎缩的临床研究”获 1985 年卫生部科技成果甲等奖。“明目逍遥冲剂”获 1990 年中国文化博览会金奖。1996 年由她主持的“中医治疗外伤性视神经萎缩的临床及实验研究”取得阶段性成果，并获得局级中医药科技二等奖。1997 年获中国中医研究院广安门医院科研最高荣誉奖。

传承脉络

韦尚林→
- 韦文达
- 韦文轩→王忠丽、周丽群、徐　高
- 韦文贵→韦玉英→
  - 丘德文、沙风桐、卢炳成
  - 韦企平、赵　峪、黄剑虹
  - 周　剑、宫晓红、孙艳红

供稿人：韦企平

魏子孝

第四批全国老中医药专家学术经验继承工作指导老师

个人简介

魏子孝，男，1945 年 5 月 7 日出生，汉族，籍贯河北省蠡县。主任医师，博士生导师、博士后导师，享受国务院政府特殊津贴。中国中医科学院学科带头人。从事中医内科临床工作 40 余年，历任西苑医院门诊内科主任，内分泌肾病科、内分泌科主任，担任世界中医药联合会糖尿病专业委员会副会长，北京中医药学会理事、糖尿病专业委员会名誉主任委员、老年医学专业委员会顾问，空军总医院、国家中医药管理局内分泌代谢中医重点专科顾问，北京中西医结合学会糖尿病专业委员会副主任委员，中华中医药学会糖尿病分会常务委员；中国中西医结合学会内分泌专业委员会委员，中国药膳学会常务理事。中央保健局、军委保健局会诊专家。担任《北京中医》、《中西医结合杂志》等编委。

学术观点

1. 学术特色

辨病与辨证相结合。辨病是指西医的病名诊断，辨证是指中医辨证论治原则。抓住患者的特性，先“抓主证”，处理好“标本先后”，围绕主症辨证论治，确立基础方，结合病情再进行加减。解决了中医诊疗时僵化的辨证分型问题，使思路更清晰。

辨证首分“正邪”。以因、果而论（如原发与继发），病因为本，病证为标；以正、邪而论，正气为本，邪气为标；以先后而论，先病为本，后病为标。在不相互干扰标、本治疗的情况下，应当标本兼顾，若标本不能兼顾，应“先急后缓、先易后难”。常用方剂如补中益气汤加减转化方便，可补可泄。

重视气血，调和肝脾。气既是构成人体的基本物质，也是代表着人体功能状态。故《难经•八难》说：“气者，人之根本也。”气机的失调导致了人体功能失调，包括气虚、气郁、气逆、气陷；血为气之母，主全身的濡养，血行异常如血虚、血瘀、血脱等导致疾病发生。而肝藏血、脾统血；肝气易郁，脾气易虚，肝病传脾。故肝脾二脏与气血关系密切，疏肝养血、健脾益气是常用调理气血治法。常用逍遥丸、柴胡疏肝散等方剂。

活血利水。在治疗糖尿病慢性并发症时，结合西医学微血管病变理论，提出瘀血痰湿阻络理论，无论是糖尿病慢性并发症哪一阶段，均可在补益正气基础上活血化瘀、利水消肿。常用方剂如当归芍药散。

擅用经方。认为经方药物简炼，配伍巧妙，可根据病情进行调整，比如五苓散、半夏泻心汤等。每首方剂包含中药 12 ～ 14 味，主要治疗框架突出，调整治疗时更有针对性。同时处方全面周到，动静结合、寒凉并用，升降有序 .

2. 治学经历

1980 年毕业于中国中医研究院中医妇科专业，获硕士学位，成为中国第一届中医研究生。精读经典医籍，如四大经典、《本草》、《格致余论》、《温病条辨》、《临证指南医案》等，八年的基层工作经历，锻造了扎实的临床技能。强调“用药如用兵”，充分认识了中药的外观、炮制及性味归经，更能发挥中药的作用。

在书法、绘画、古玩、京剧等方面均有一定造诣。

3. 师承关系

师从著名中医钱伯煊研究员，在妇科学习、工作期间得到中西医妇科专家赵树仪主任医师、中医妇科名家傅方珍主任医师的辛勤栽培。在内科工作期间，跟随方药中教授、时振声教授学习临床经验。

学术成就

1. 论文论著

撰写论著十余部，主要有《倡命门太极说的孙一奎》、《中国古代医药卫生》、《中医药学概论》、《学用中医体会录》，主编了《新编中医临床手册》、《中西医结合内分泌代谢疾病诊疗手册》，主审了《糖尿病》、《糖尿病慢性病并发病》、《甲状腺功能亢进》、《骨质疏松及相关病》、《高脂血症》、《风湿病》等。

发表论文几十篇，主要有《析“木郁达之”——谈肝郁证治》、《“诸病寻痰火”探讨》、《糖尿病辨治体会》、《甲状腺功能亢进症中医药辨治体会》、《钱伯煊医话》（三篇）、《立足医疗实际对糖尿病中药新药研制的思考》、《试谈“辨病与辨证相结合”的中医临床治疗思路模式》、《糖尿病性肾病的中医治疗体会》等。

2. 获奖情况

参与的“电子计算机模拟钱伯煊妇科诊疗经验”，获得中国中医研究院科研成果二等奖；1996 年《新药“愈三消胶囊”临床与实验研究》获中医研究院科技进步奖，1997 获国家中医药管理局科技进步奖。与澳大利亚共同研发的院内制剂“降糖消脂胶囊”，专利一项，并入选北京市“十病十方”项目。

传承脉络

钱伯煊→魏子孝→张广德、高　蕊、陈彤云

供稿人：张广德

翁维良

第二、四批全国老中医药专家学术经验继承工作指导老师

个人简介

翁维良，男，1937 年 3 月出生，汉族，浙江宁波人。博士生导师，中共党员，享受国务院政府特殊津贴。中国中医科学院首席研究员。现任中国中医科学院西苑医院国家药物临床试验机构副主任。现从事中医、中西医结合内科心血管病临床、科研、教学及临床药理工作。国家药典委员会委员，国家食品药品监督管理局新药审评专家，国家中药保护品种专家委员会委员，科技部中医（973）专家组成员，中华中医药学会临床药理学会副主任委员，《中国药物警戒》副主编，《中成药》副主编，《微循环学杂志》常务编委，《中药新药与临床药理》编委。

学术观点

1. 学术特色

主张“用心学习、工作”、“业精于勤”。重视中医师承，先后拜郭士魁、岳美中、赵锡武三位名老中医为师。提倡中医院治病，要能中不西，突出中医特色，用中医治病。用辨证论治与“病证结合”的思维方式为临床辨证。擅长心脑血管病、老年病及活血化瘀治疗各种疑难病，临床经验丰富，用药精炼。认为医师要懂药，用药如用兵，药味不在多，而在精选，要安全有效。在《翁维良临床经验辑要》中，提出了对冠心病、中风、老年痴呆等 42 种疾病的治疗经验；在《活血化瘀治疗疑难病》专著中，在郭士魁老中医的指导下，深入论述了对血瘀证的认识与活血化瘀治法的临床应用与研究，提出了许多新的见解，如“百病皆瘀”“老年多瘀”“以通为补”等观点。为活血化瘀理论在当代的发展和临床应用作出了贡献。在科研方面，重视中医临床科研，力主中医科研主要在临床，中医要按照中医自身的发展规律来进行研究。积极主张中医要走向世界，中医临床研究方法要创新，不能照搬西医的方法，主张加强中医临床研究方法与评价方法研究。近年来，在科研方面强调优化研究设计、全程质控、第三方评价的模式，主张加强中医临床研究方法与评价方法研究。1991 年开始将临床流行病学、GCP、统计学等方法用于中医临床研究。

2. 治学经历

1960 年毕业于上海医科大学，1960 年～ 1962 年在北京中医药大学学习中医两年，同时在中国中医科学院内外科研究所工作，1962 年至今在中国中医科学院西苑医院工作。从医伊始，师从中医功底十分深厚的郭士魁、岳美中、赵锡武三位名家，认为“国家让我搞中医，我就要把中医搞好”，博采众长，海纳百川，汲取了前人治疗心血管疾病尤其是冠心病的经验，特别是郭士魁先生“以通为补，活血化瘀”的理论给了他很大的启发。在其后 50 年的医学生涯中，运用血瘀证与活血化瘀理论，在血瘀证传统的临床诊断方法的基础上，增加了实验室诊断方法；治疗用药标准化，将活血化瘀用于疑难病的治疗，取得了很好的疗效。西苑医院于 1963 年成立了心血管研究室，是筹建者之一。在担任住院医生期间，他管理着病房一半的病床，自始至终坚持 24 小时住院医师负责制，随

叫随到，一干就是18年。在科研方面，敢于攻坚，勇于创新。重视临床科研，早在20世纪80年代成功申报国家自然科学基金课题。利用互联网，关注国际临床研究的发展动态。在临床研究方法上，始终在思索如何更好地体现临床研究方案以及中医的个体化诊疗特征。重视临床医生的科研素质培养，认为临床与科研是相辅相成的关系。

学术成就

1．论文论著

出版学术著作十多部，在国内外发表学术论文百余篇。代表性论文论著有《中药临床药理学》、《活血化瘀治疗疑难病》、《实用中西医结合肥胖病学》、《临床舌诊图谱与疾病治疗》、《临床中药学》、《翁维良临床经验辑要》、《实用临床血液流变学》、《中医临床研究实施方案设计与优化》、《中医临床研究实施过程质控与管理》、《运用中医舌诊专家系统对血瘀证舌质的研究》、《中医舌诊客观化研究》、《运用中医舌诊专家系统对血瘀证舌下络脉的研究》、《中药不合理用药与药害问题的探讨》、《4种中药注射剂皮肤过敏试验方法与意义的探讨》、《中药不良反应与合理用药》、《中医临床研究质量控制方案的优化》、《中医临床研究治疗方案的优化》、《中医活血化瘀治疗疑难病》等。

2．获奖情况

参加国家级自然科学基金、国家科技攻关、卫生部、国家中医药管理局、中国中医研究院等各级科研课题30余项，曾获得国家科技进步一等奖1项、二等奖1项及省、部级、中华中医药学会、中国中医研究院等各级的科研成果奖20项。

3．培养学生情况

行医执教数十载，先后培养博士后10余名、博士12名、硕士10名。他培育的临床、科研方面的人才，现在都是各行业的栋梁。他教诲如父母，慈善如父母，桃李满天下。

传承脉络

孔伯华、岳美中、赵锡武→郭士魁→翁维良；赵锡武→翁维良

翁维良→
- 师带徒→谢雁鸣
- 传承博士后→张　昱、于大君
- 博　士、师带徒→李秋艳、张　东
- 博士后→黄世敬、田元祥、于大君、张　昱、李　睿、陆　芳、张金艳
- 博　士→苏庆民、龚洪海、曹玉章、崔敏硅、李　睿、耿涛等

供稿人：张　东

吴中朝

第五批全国老中医药专家学术经验继承工作指导老师

个人简介

吴中朝，男，1956 年 2 月出生，汉族，江苏人。主任医师、教授，博士研究生导师，中共党员。1995 年毕业于南京中医学院，针灸学专业，获针灸学博士学位。从事中医针灸临床与科研、教学工作 30 余年。现任中国中医科学院针灸医院常务副院长，中国北京国际针灸培训中心主任。历任中国中医科学院针灸医院灸法教研室主任、常务副院长。中央保健会诊专家，中国针灸学会针法灸法分会副主任委员，经筋分会副主任委员，北京市针灸学会常务理事。中国中医科学院养生保健委员会专家。《中国针灸》、《中医杂志》、《中国中西医结合杂志》等杂志评审。

学术观点

1. 学术特色

在诊治痛证、肥胖病、老年病、男科病、脑病及疑难病证和养生保健等方面有独到的经验。痛证、养生保健与康复、老年病、治未病等为主要研究方向。在养生保健、抗衰老、亚健康、老年病方面：先后主持或参加“中老年保健灸的临床观察和机理探讨”、“艾灸对老年人调脂作用研究”及“艾灸对中老年血液净化作用研究”等课题研究，发现艾灸能降血脂，降低血尿素氮、肌酐，揭示艾灸对于本病的化痰祛瘀、调脂涤浊的良好作用和科学价值。提出阳虚血瘀是老年衰老之本质的观点，提出青年防衰调气血、中年防衰调脾胃、老年防衰调脾肾的保健延衰思路与方法。在肥胖病、损容性疾病方面，经多年实践，摸索肥胖的治疗，独创了三维埋线减肥法、三才埋线减肥法、九宫埋线减肥、刺血疏导减肥和整体疏调减肥等法。强调参照病情、病程、病部、病势诸项进行美容。在男科病及慢性前列腺炎方面，针对本科疾病原因复杂，不易治愈的特点，总结出一套立体、复合疗法，如针灸辨证施治、脐腹敷帖、中药内服、熏蒸、坐浴、灌肠等。强调青年要清利下焦湿热，以调脾胃三焦为先；中年要疏调气血，以调肝脾任督为主；老年要扶正祛邪，以调脾肾膀胱为重。在常见痛证（各种痛证：头痛、躯干、四肢痛、内脏痛）治疗方面：治痛必求其因，治痛必治其本，治痛必因人而异，治痛必灵活多变，治法轻灵，效果显著。治痛六诀：温、疏、通、调、消、补。在脑病及疑难病证诊疗方面，提出病无定因，治无定症，方无定药，针无定术，灸无定法的观点。对于脑中风、脑外伤后遗症、脑功能失调（精神神经异常）等脑病提出了从督、肾、心、脾治疗的系列治疗方法，对多种疑难病证，因人因病因证因时而治，多获佳效。

2. 治学经历

1978 年起从事中医工作，1986 年至 1989 年师从中医针灸专家肖少卿教授，获硕士学位；1992 年至 1995 年师从中医针灸大家邱茂良教授，获读博士学位。1983 年到 1997 年一直供职于南京中医学院，从事中医针灸临床与教学工作，曾先后任教研室主任、科室主任、临床医学院副院长等职务；1997 年调入中国中医研究院（现中国中医科学院）针灸研究所工作，至今一直从事针灸临床工作，先后担任科室主任，门诊部主任，针灸医院常务副院长等职，并在此期间多次外派出国进行临床工作和交流讲学，并承担国际培训的教学工作。多年来，在工作中兢兢业业，继承传统中医药的精髓，不断开拓创新。在临床中秉承继承经典，承上启下，传导授业的精神，传承承淡安、邱茂良、肖少卿、杨兆民等医家学术思想和临床医技，撰写多篇重要学术论文以发扬师术。

学术成就

1. 论文论著

先后发表中医学术论文 80 余篇，中医及针灸专著近 20 部。代表性论文与专著有《邱茂良教授谈针灸国际化问题》、《承淡安与经络研究》、《杨兆民教授针刺深浅量学观中〝志〞与〝术〞》、《杨兆民教授针刺深浅量学观之脉、形、时、穴》、《邱茂良教授针刺手法与得气精要》、《中医养生那些事儿》、《吴中朝滋补中药 150 味》等。

2. 获奖情况

《艾灸对老年人血液净华作用研究》获江苏省中医药科技进步奖一等奖；《国际标准＜针灸经穴定位＞研究》分别获 2007 年、2008 年中国中医科学院科技进步奖二等奖、一等奖；《针灸单穴主治临床评价的系列研究》获 2009 年北京中医药大学科学技术奖一等奖；2009 年指导的《针刺对慢性疲劳综合征患者生存质量影响的临床研究》获“健中行”中医药传承创新优秀博士学位论文三等奖。

共培养研究生 23 名。其中培养博士生 4 名，硕士生 15 名，境外研究生 2 名，师承 2 名。

传承脉络

承淡安→（邱茂良、肖少卿）→吴中朝→
- 博　士：王京京、陈仲杰、郭宇鹏、金春兰
- 研究生：胡静、焦玥、王厉娜、周劲草、赵晓光、司晓华、李荣俊、周文娜、朴钟旭（韩）、黄子民（港）、萧立维（台）
- 学术经验继承人：王　兵、张　宁
- 全国师承：刘　春、费　翔
- 在职研究生：王　彤、周　宇、刘伟哲

供稿人：王　兵

谢海洲

第一、三批全国老中医药专家学术经验继承工作指导老师

个人简介

谢海洲（1922 年 3 月～ 2005 年 11 月），男，汉族，河北秦皇岛人。主任医师，研究生导师，农工党党员，享受国务院政府特殊津贴。毕业于天津河北中医专门学校，从事中医临床、科研、教学工作 60 余年。曾任北京中医学院中药系主任，北京中医药大学名誉教授，中国药学会药史学会理事，国务院首批突出贡献专家，中国中医研究院资深研究员，中华药学会理事，中国中医药学会内科分会顾问，中国保健食品协会顾问，中国老教授协会特邀教授、医药专业委员会理事、顾问，中国中医研究院专家委员会、专家咨询委员会委员，中华中医药学会风湿病分会顾问，北京制药总厂顾问，北京同仁堂药厂顾问，天津达仁堂药厂顾问，农工民主党北京市常委，宣武区政协委员，北京市人民政府顾问。

学术观点

1. 学术特色

对痿证、血证、痹证、情志病、老年病、不孕不育、中风、颅脑损伤后遗症、癫痫、小儿发育迟缓、老年痴呆、肿瘤等疑难杂病临床疗效显著。他提出清热解毒、活血化瘀、扶正培本三大治法，对“毒”“瘀”“扶正培本”概念提出了独到的见解。在痹证研究领域提出了“治痹三要四宜”的学术观点：一要注重扶正培本，二要祛湿健脾，三要利咽解毒；寒痹宜温肾，热痹宜养阴，寒热错杂宜通，久病入络宜活血搜剔。倡导“发皇古义，融会新知”的治学理念，善于将古法、古方灵活化裁为其所用，集数十年临床经验凝炼治疗老年性痴呆的学术观点，认为年老体衰、脏腑功能失调、气血不足、肾精亏虚、髓海失充、脑失所养是发病的重要基础；痰瘀内结、风火相煽、蒙蔽心窍、神明失用为其病理特征；病位在脑，其本在肾，与心、肝、脾脏密切相关；治宜攻补兼施，醒脑开窍，强调脾肾双补以及痰瘀同治，对老年性痴呆的治疗具有重要的指导意义，并创制新方如“补肾荣脑汤”“化瘀通络汤”“三黑荣脑汤”，疗效显著。对脑髓神志病研究颇有造诣，认为脑窍是精神意识思维活动的物质基础，精神意识思维活动均蕴藏于脑窍中，其功能作用皆自脑窍发出，是维持、调节和操纵整个人体生命活动的最高指挥中心。形成以脑窍立论，开窍醒脑六大治法。

善用活血化瘀药，常用长青，将活血药分为性质平和、药力较强、峻猛破血逐瘀三种，根据病情轻重、体质强弱，灵活选用。善用芳香走窜、醒脑开窍之品，取其走窜通达，善于鼓舞正气，除邪辟秽，化浊开窍。活用辛香气雄、味薄升散之祛风药，能助气升阳，一则直达巅顶，使清阳之气贯注于脑，以壮髓海；二则醒脾助肾，以促化源；三则阳升气旺，可化痰瘀，共奏健脾补肾、生发清阳之功。擅长虫类药物，善于入络搜剔，涤痰逐瘀力专，对痰瘀交结之脑络瘀阻尤能建功立业。

探蹊径，治今病善创新方，自创了“痹痛宁”“化瘀通络汤”“补肾荣脑汤”“补肾活血汤”“三黑荣脑汤”“神复康”“发音散”“四虫丸”等数十首方剂。其中“癫痫康”“生血丸”无偿献给山西大同中药厂和天津达仁堂制药厂生产，深受欢迎。

2. 师承关系

幼承家技，1940年就读燕京大学，后转入北京大学农学院生物系攻读植物学，结识药学家周生军老师，经其介绍拜赵燏黄为师。1945年毕业于天津河北中医专门学校，1947年考取中医师，1948年襄助陈慎吾、胡希恕创办中医汇通讲习所，其后师从徐衡之、章次公等江南名医。

学术成就

1. 论文论著

谢老几十年勤奋治学，笔耕不辍，著述文稿不下两千万言，先后发表学术论文200余篇，出版《谢海洲论医集》、《中医药丛谈》、《壶天云烟—谢海洲医文集》、《脑髓病论治》、《谢海洲医学文集》等学术著作 20余部，撰写科普文章120余篇。为促进中医药学术交流、普及、提高作出了贡献。

2. 获奖情况

《谢海洲医学文集》获2005年度中华中医药学会科学技术（著作）奖一等奖。

传承脉络

周生军→赵燏黄→徐衡之、章次公

陈慎吾、胡希恕

徐衡之、章次公、陈慎吾、胡希恕→谢海洲→

研究生：姚乃礼、胡荫奇、李晓露、张　纲、冯兴华、刘从明、王承德、舒荫达、张　凯、徐庆友、殷海波、王德辉、曹慧云、闫学峰、廖　欣

师承继承人：王承德、王维国、赵　冰、张华东

供稿人：赵　冰

广安门医院

谢宗万

第一、二批全国老中医药专家学术经验继承工作指导老师

个人简介

谢宗万，汉族，男，1924年5月出生，江苏省江都市人。研究员，中共党员。1950 年毕业于南京国立药专（现中国药科大学）生药专业。2004 年 8 月病逝。曾任中国中医研究院、中药所专家委员会委员，国家级科学技术进步奖医药行业评审委员会委员，国务院学位委员会第二届学科评议组成员，中华人民共和国药典委员会委员，《中国中药杂志》、《中国药学杂志》等五种刊物的编委。1991 年 10 月被国务院定为有突出贡献的科学家。为全国首批 500 名名老中医药专家之一。

学术观点

1. 学术特色

一生致力于中药材混乱品种的研究。在几十年的研究生涯中，一直紧紧抓住这一研究课题，长期致力于生药学与本草学研究，倾注了大量的研究精力，遵依中医药传统理论，深入挖掘整理历代本草文献，紧密结合当前用药实际，考证澄清了近 200 种历史上长期混淆不清的中药品种，为《中国药典》的修订、《中华本草》的编纂及中药材生产经销提供了可靠的证据。这是其学术研究工作中最大的成就和学术精华。

创立中药品种新理论。在 1980 年以后，谢宗万在总结历代本草沿袭、变迁与发展的基础上，比较深入地探讨了中药品种在不同历史时期，长期延续或迅遭淘汰以及发生变迁的发展规律，从而创立了“药材品种延续论”与“药材品种变异（迁）论”等 33 条品种理论。此成果被国家中医药管理局评为 1992 年度中医药科技进步奖一等奖和 1994 年在美国召开的首届世界传统医学大会功勋金奖。

重视继承中药材传统经验鉴别。谢宗万认为，鉴于中药品种真伪优劣的复杂性，故在鉴定中药时要针对不同情况，有时需要四大鉴别法（基原鉴别、性状鉴别、显微鉴别与理化鉴别）共同使用，但在多数情况下可能只需其中一两项的配合就能解决问题。他认为四大鉴别法中在实际工作上最普遍应用的是药材性状的传统经验鉴别法，独具多快好省的特点，故在当前的形势下应该认真加以总结整理提高。

为解决异物同名，提出一整套建设性方案。力主在全国中医药领域内药名必须统一，药材原植物拉丁学名的确立应在国际命名法规许可的范围内适当考虑结合生产与医疗实际。在 1989 年发表论文，为统一药材名称，解决“异物同名”问题提出一整套建设性意见。临终前完稿的《汉拉英中药材正名词典》以这一命名原则，为 5872 种中草药进行了一物一名的科学命名。

2. 治学经历

现代生药学研究与我国历代本草一脉相承。在已故著名生药学家赵燏黄的指导和影响下，始终把祖国传统医药学同生药学研究紧密结合起来，非常重视历代本草的研究与利用。他认为，本草是我国医药宝库中一个重要组成部分，研究生药如果脱离开本草，就等于割断历史，脱离祖国医药学体系，就成为无根之木，无源之水。

中医药传统理论指导药物品种考证。一般搞中药材品种考证者，往往多注重文献中对植物形态及药材性状的描述。但谢宗万多年

的经验，特别强调中医药传统理论，尤其是有关药物的四气五味、有毒无毒、七情畏恶、配伍宜忌、功能主治等理论对药物品种考证的指导作用。

师古而不泥古，注重实际调查。他认为，搞中药品种的考证与鉴别，固然离不开历代本草，但亦不应处处为其具体的文字记述所拘泥。必须要用历史发展的眼光看问题，在历史发展的长河中，今人总要胜过古人，否则时代就不会进步，要充分认识到前人著述所处的时代背景与社会背景，要考虑到一切事物（当然包括药物品种）都不是一成不变的。

博采众长，善于融会贯通，总结提高。谢宗万经常对人讲，他自己对中药材品种的鉴别经验不是继承自哪一个人的，而是综合各家之所长。早年曾正式拜达仁堂常崇光师傅为师，非正式的师傅则更多，无论走到哪里都要去拜访当地有名的药工师傅。向他们虚心地学习传统鉴别经验。

3. 师承关系

从师承关系上讲，谢宗万应该是我国生药本草学家创始人——赵燏黄的传人。赵先生从 1955 年调到中国中医研究院中药研究所，与谢宗万先生共事 5 年，虽然他们没有实行正式拜师仪式，但在学术思想方面可以说谢宗万完全承袭了赵燏黄创立的以中国古代本草为依据，厘清中药品种品种，澄清中药材品种混乱的思路与方法。

学术成就

1. 论文论著

著有《中药材品种论述》上、中册；《全国中草药汇编》上、下册；《本草纲目药物彩色图鉴》；《中药材正名辞典》；《中药品种理论与应用》。

主要学术论文有《中药芫花的生药学研究》、《白前与白薇生药学的研究》、《白前与白薇生药学的研究》、《长沙马王堆一号汉墓出土药物的本草考证》、《关于〈本草纲目〉附图价值的讨论》、《〈本草纲目〉图版考察》、《威灵仙药用历史渊源考》、《多源性药材取名的原则与方法刍议》、《论中药材基原的单一性与有限多原性》。

2. 获奖情况

1978 年获全国科学大会奖；1989 年度阿尔伯恃·爱因斯坦世界科学奖奖状；1992 年国家中医药管理局科技进步奖一等奖。1997 年被授予中国科协“全国科技工作者”荣誉称号，2001 年获得中国科学技术基金会颁发的中国药学发展奖中药奖。

传承脉络

赵燏黄→谢宗万→
- 传承人：郝近大
- 硕士生：邬家林、赵中振、曹　晖、刘玉萍、王　玠

供稿人：郝近大

许建中

第二批全国老中医药专家学术经验继承工作指导老师

个人简介

许建中，男，1930年8月出生，汉族，福建莆田县人，主任医师、教授、硕士生导师，中共党员。1954年毕业于山西医科大学，从事中医、中西医结合呼吸病临床、科研及教学工作，从医近60年。1978年创建中国中医研究院西苑医院呼吸科及呼吸病研究室，担任科室主任及研究室主任。中国中医科学院中西医结合学位评审委员会委员。曾任中国中西医结合学会呼吸专业委员会副主任委员、主任委员、名誉主任委员，2005年被选为世界中医药联合会顾问。

学术观点

1. 学术特色

在50余年的临床、科研、教学中，受到中西医老前辈的谆谆教诲，长期大量阅读中医经典、中西医学文献，并在临证中不断思索，逐步形成自己的辨证思路和特点。认真钻研《素问》、《灵枢》、《伤寒论》及各家学派论著等，金元时期寒凉派、易水派，明清时期温病学派代表性的著作，取其各学派之长，结合个人临床实践，形成本人今日的临床风格及处方特色。临床特点：对呼吸病的诊治，取金元时期张元素辨脏腑、阴阳、表里、寒热、虚实的思维，关注李东垣等的脾胃为元气之本，重视脾胃；遵循朱丹溪人体“阳常有余，阴常不足”之理，逐渐形成治疗慢性呼吸病多注重养阴润肺，益气活血，宣肺豁痰，降逆补肾，纳气平喘止咳等临床用药组方特点。

对于急性发作期和（或）重症哮喘，认为应立即给予辨证施治，同时可配合应用西药解痉、抗感染、消除气道高反应状态等抢救措施，直至解除呼吸窘迫、缺氧状态，对中型或轻型患者单用中药辨证施治即可收效。对于慢性反复发作的哮喘或哮喘发作时表现为本虚标实、下虚上实者，坚持标本兼治的原则。从中西医结合的观点出发，认为气道变应性炎症及气道高反应就是哮病“夙根”的内涵因素，强调治疗必须抓住关键，适时采取传统中医药与现代免疫学研究成果相结合的方法，方能达到治疗哮喘的目的。治疗的目的是纠正“易感外邪”，消除或减轻气道变应性炎症和降低气道高反应性，从根本上治疗哮喘。在治疗肺间质纤维化强调应分清标本虚实，实则泻之，虚则补之。疾病早期以邪实为主，风、湿、痰、热等邪气痹阻，治疗以祛风除湿、补肾为主，由于气血痹阻贯穿于疾病的始终，故无论早期、晚期均兼以活血通络之法，重用3～4味活血药物，如赤芍、丹参、川芎、桃仁等。

慢性阻塞性肺病的发生发展是因先天不足，七情所伤及六淫之邪侵袭，导致肺、脾、肾功能失调所致。外感风热和风寒之邪是导致本病急性发作的诱因。在急性期治疗中，方中应加入辛凉解表或辛温解表剂，采用辛凉解表剂者占大多数，必须把外邪散尽，标本兼治，方能奏效。对于缓解期治疗，脾肺两虚者，应加太子参、木香、砂仁、厚朴、车前子等，可予以汤剂亦可制成水丸服用。肾肺虚喘甚者，可用益气固表、补肾纳气之品。补肾阳时，须遵从古训“善补阳者，当从阴中求阳”，即在滋肾阴基础上加入补肾阳之剂。晚期患者咳喘重者，肺脾肾阴阳俱虚，可加用芳香开窍之剂，冲服安宫牛黄丸、紫雪丹等；神清但全身水邪泛滥者，应采用健脾利湿及温阳利水方剂。

支气管扩张急性感染期治疗原则西医抗感染为主配合中医辨证论治。感染持续期治疗以中医辨证论治疗为主，酌情选用抗生素。恢复期辨证论治，扶正固本，巩固病情，预防感染的复发。许老还认为清除痰液是治疗的重要环节。治疗咳嗽必须首辨外感和内伤。

治疗咳嗽必须善辨痰。治疗外感咳嗽主要从两个方面辨治，重点辨表证的有无。若邪在卫表的咳嗽，重在宣肺发表；若邪已入里，则重在清热化痰，兼治阴伤。治疗咳嗽虽不能机械地套用古人的五脏咳，但在治疗内伤咳嗽时，我们必须先辨脏腑，在此基础上再辨脏腑之虚实。

2. 师承关系

1954 年山西医科大学（本科）毕业后留职山西医院内科，后西医离职学习中医 3 年毕业，并获卫生部西医学中医一等奖。1961 年自山西医学院调到山西省中医研究所工作。1964 年担任山西省中医研究所大内科主任。1965 年调入中国中医研究院西苑医院。

许建中出生于中医世家，曾祖父许济川号琼，是清末太医。祖父许文辉受曾祖父影响，自小熟读《内经》、《伤寒论》等书，1958 年离职学习 3 年中医，1961 年西学中毕业后自山西医学院被调到省中医研究所内科工作，先后跟伤寒论老医师李翰卿、温病学老医师王雅轩、内科杂病老医师李克让等临证抄方，聆听辨证讲解，1965 年调入中医研究院西苑医院。师从著名的老中医专家王文鼎、岳美中、赵锡武、徐季含、钱伯瑄、赵心波、郑守谦、王伯岳、郭士魁等。

学术成就

专著有：主编《实用中西医结合哮喘病学》，《实用中西医结合诊断治疗学》（呼吸部分），《白话中医四部经典》（内经灵枢部分），《呼吸病研究专辑》。

科研成果：获中国科学大会成果奖——中草药牡荆油丸临床及实验研究；中央卫生部科技大会科研成果奖 3 项：①固本丸防治慢性支气管炎临床及实验研究，②慢性支气管炎分型——证的研究，③中西医结合防治慢性肺原性心脏病研究；获中央卫生部乙级科研奖：“扶正固本法——固本片防治慢性支气管炎研究”，中国中西医学会中西医结合贡献奖。

许建中教授热心致力于后备人才的培养，曾带教硕士研究生 3 名，收授高徒 2 名。通过名医传承工作室的建设，更多的人员成为其衣钵传人。中医事业也正是通过薪火相传，而流芳万代。以许建中教授为核心的传承谱系渐已形成，许多人成为学术中坚和骨干。学验宏富，硕果累累，曾获部级以上科研成果 4 项，中国中医科学院成果 9 项。发表论文 100 余篇。

传承脉络

岳美中、赵锡武、郭士魁 → 许建中 →

- 吴金胜、邱世林
- 张燕萍 → 米　爽、闫家丽、王佳兴、高宇芳
- 王书臣 → 崔　云、樊茂蓉、张文江、樊长征、王　冰、高金柱、何昌生、林　琳、崔芳囡、代昭欣、罗海丽、李艳艳、谭素贞、张元元
- 冯德华、唐玲华
- 张　琼、王　伟、孟永利、安学东（澳）、张京安、许宗伟
- 安　喆、曹　雪、罗淑芳、魏鹏草、毕　慧、王亚名、任馨君、李寿喜、丛小东、苗倩倩

供稿人：苗　青

许　铣

第五批全国老中医药专家学术经验继承工作指导老师

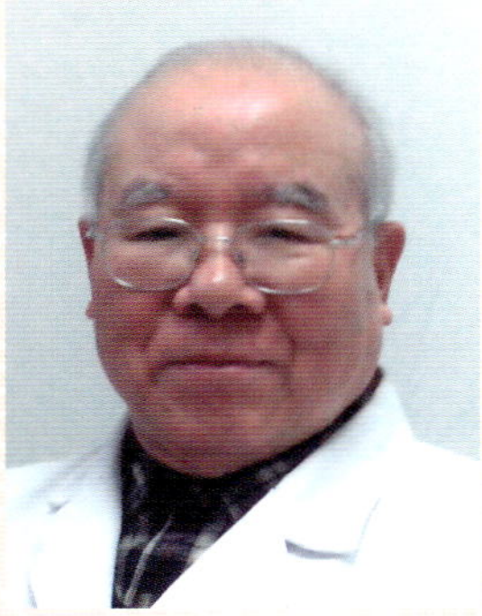

个人简介

许铣，男，1932 年 12 月出生，汉族，河北省良乡县人（现为北京市）。主任医师。博士生导师，中共党员，享受国务院政府特殊津贴。中国中医科学院学术委员会委员，广安门医院专家咨询委员会委员。1958 年毕业于北京医学院临床医学专业。1972 年参加西医离职学习中医班，从事中西医结合皮肤性病学、艾滋病领域的临床、科研和教育工作 55 年。曾在第三附属医院（北医三院）皮肤性病科工作，于 20 世纪 90 年代在非洲从事过艾滋病的中医药治疗研究工作，在英国从事过中医药治疗皮肤病的工作。曾任广安门医院皮肤性病科主任，中央保健委员会会诊专家；《中国中西医结合皮肤性病学杂志》常务编委，现为名誉编委。

学术观点

1. 学术特色

在长期的医疗实践中形成病证结合的中西医诊断与辨证的观念，凡病“以人为本”，首先，明确诊断，相应辨明症、证的特点，继而用药，药到病除。20 世纪八九十年代，与其他同道用现代技术与科研手段研究中医药的疗效，如《“改良醋泡方”治疗手足癣的临床与实验研究》证明中医药治疗表皮真菌病有效。《青蒿制剂治疗红斑狼疮的临床与超微结构的研究》说明青蒿制剂对盘状红斑狼疮的治疗在电子显微镜下观察有溶酶体酶的变化；《狼疮带试验（LBT）在红斑狼疮等疾病诊断中的意义》表明确诊红斑狼疮可观察皮损“狼疮带”的表达；《电子扫描术在红斑狼疮等皮肤科疾病诊断中的应用》是使用扫描电镜技术观察红斑狼疮、银屑病等一些皮肤科疾病角质细胞变化，以及在疾病鉴别与判断预后、转归的超微技术，在皮肤病学诊断与鉴别诊断方面都有重要意义。指导研究生涉及痤疮方药对痤疮丙酸杆菌的抑制作用研究，具有创新意义。还指导研究生研究莪倍霜治疗斑块状银屑病的研究，取得了较好的结果。指导研究生做过杠柳制剂治疗尖锐湿疣等病种的研究，也取得较好的结果，杠柳用于治疗湿疣具有创新性，目前此项研究正被国家自然基金支持并继续研究。20 世纪 90 年代初在非洲从事过艾滋病的中医药治疗研究《中研 1 号治疗艾滋病的临床观察》（与坦桑尼亚合作项目），在我国较早期开展中医药治疗艾滋病与艾滋病病毒感染患者的工作中，取得了较好的成果。

对许多临床常见病、多发病的诊疗有着成熟有效的方法，如当前的常见病银屑病、痤疮、湿疹皮炎类（脂溢性皮炎、日光疹等）、病毒所致的疣类（扁平疣、寻常疣、尖锐湿疣等）、疱疹类都有着良好的疗效。对一些皮肤科临床疑难杂症也有许多运用中西医结合治疗成功的经验，如红斑狼疮、皮肌炎、硬皮病、扁平苔癣、硬红斑、血管炎、皮肤淋巴瘤及皮肤淀粉样变等疾病。

2. 治学经历

早年学习西医，曾受老一代著名医学家胡传葵、王光超、陈集舟、王双元等教授的教诲；后在中医方面，曾受过 20 世纪 70 年代西北地区名老中医张汉祥、于己柏、尚坦芝等的教导；在中医研究院期间，接受过北京名医朱仁康研究员的教诲和指导。

学术成就

1. 论文论著

《复方莪倍软膏治疗斑块状银屑病的临床观察》、《中药治疗10年以上23例艾滋病病例报告》、《许铣教授治疗斑块状银屑病经验介绍》，《中药系列组方治疗艾滋病生存10年以上病例报告》、《复方杠柳液外用治疗尖锐湿疣临床观察及对离体人乳头瘤病毒DNA的影响》，《中医辨证治疗艾滋病729例临床观察》、《Clinical Observation in 86 Cases of Acne Vulgaris Treated with Compound Oldenlandis Mixture》，《艾灵颗粒治疗HIV感染ARC期40例》、《复方参地汤与迪银片联合治疗慢性斑块型银屑病的疗效评价》、《复方蛇草汤治疗寻常痤疮的临床与实验研究》、《活血化瘀、补肾益气法治疗白癜风的临床观察》、《散发型白癜风的组织病理变化》、《中医药为主治疗系统性红斑狼疮探讨——附56例临床资料分析》、《狼疮带试验对红斑狼疮检测研究的初步应用》、《亚热带扁平苔癣1例》。

2. 获奖情况

参与研究的课题获奖情况：《改良醋泡方治疗手足癣的临床与实验研究》获1985年中国中医研究院科技进步奖二等奖；《青蒿制剂治疗红斑狼疮的临床与超微结构的研究》获1984年中国中医研究院科技进步奖三等奖；《电子扫描术在红斑狼疮等皮肤科疾病诊断中的应用》获1990年中国中医研究院科技进步奖二等奖；《狼疮带试验（LBT）在红斑狼疮等疾病中的应用》获1987年中国中医研究院科技进步奖二等奖。（以上奖项在当时均为国内先进水平）

传承脉络

王光超、陈集舟、王双元（西医）
张汉祥、于己柏、尚坦芝、朱仁康（中医）
→许　铣→
- 漆　军（硕士）
- 沈　冬（硕士）
- 高炳爱（硕士）
- 周双印（硕士后为博士）
- 崔炳南（硕士后为博士）→姜凤仙
- 宋　坪（硕士后为博士）→李景丽、李室春
- 吴小红（博士）
- 丁　旭（硕士）

供稿人：吴小红

薛伯寿

第三、四、五批全国老中医药专家学术经验继承工作指导老师

个人简介

薛伯寿，男，1936年8月出生，汉族，江苏省泰兴县人，主任医师，博士生导师，传承博士后导师，中共党员，享受国务院政府特殊津贴，广东省中医院客座教授。从事中医医疗、教学、科研工作近50年，曾任国际中西医药学会副会长，中华中医老年学会副主任兼秘书长等职。

学术观点

1. 学术特色

崇尚岐黄、老子道家思想，倡导和合思想，无论是治病还是养生，倡导古文化及其哲理为指导，遵循淳朴自然辩证法。重视伤寒杂病、温病、温疫的研读；尊敬名师，虚心求教。认为中医必须坚持与时俱进，融合现代科学发展成果，西为中用；临床对许多经方、时方皆有心得发挥；强调重视临床实践，在继承基础上开拓创新。他全面继承蒲氏擅长治疗外感热病；注重辨证论治，善于治疗内、妇、儿科疑难病证。倾心于中医事业，治学严谨，知常应变；辨治百病，追求疗效；四诊合参，讲究配伍；用药精灵，简便验廉。

认为诊治外感热病是铸就高水平临床人才的关键，治疗外感热病当融会贯通伤寒、温病和温疫学说；要处理好邪正关系，注意兼挟；掌握标本关系而顾护胃气；辨清患者体质方可提高疗效。

《内经》有“疏其血气，令其条达而致和平”，蒲氏指出：“气以通为补，血以和为补”，他认为调畅气血为治外感病，尤其内伤杂病、疑难病证，甚至为防治衰老皆必循本法。精通方药配伍，择善选药为提高疗效关键之一。认为补药的堆积，既不能防病亦不能治病。认为既有怪病从痰治，亦有顽疾从瘀解。疑难病证治病求本，必须考虑到痰饮、瘀血、积滞等病理之论。

2. 治学经历

1963年毕业于上海中医学院中医专业六年制本科，得到诸如程门雪、章巨膺、陆瘦燕、石幼山、顾伯华、裘沛然、金寿山、朱小南、陈大年、张伯臾、张镜仁等众多名家的理论及临床指导。毕业后分配到中国中医研究院高干外宾室工作，经选拔拜蒲辅周先生为师。1975年～1989年曾任广安门医院大内科副主任兼书记、中国中医研究院邯郸赤脚医生大学班主任，卫生部中国中医研究院西医离职学习中医班主任。曾多次出国讲学、诊疗。1986年，被推荐赴朝鲜平壤医科大学东医系讲授中医辨证论治；曾赴海南岛“5•23”医疗队，试用中草药治疗恶性疟疾。1987年首批赴非洲运用中医药试治艾滋病一年余，《中医杂志》（英文版）发表“中医药试治艾滋病经验”得到了学界同仁的广泛认可；1989年中国中医研究院推荐赴荷兰神州医药中心创办“西欧高级中医提高班”任主讲教授兼临床指导看病二年，培育了二十多名针药兼用的医生。1998年冬，北京“流感”暴发，拟定“速解流感饮”，价廉而效佳，并被医院作为流

感普济方制成汤剂广施而供不应求。

3. 师承关系

拜杰出中医药家蒲辅周为师，深造13年，蒲老督促并指引薛伯寿多参加农村医疗队，主张一徒多师，博采众长。1965年曾随著名针灸专家叶心清赴顺义县农村医疗队工作一年，得到叶老特长针灸真传，以及善用乌梅丸、酸枣仁汤、小柴胡汤等；继之又赴山东临沂农村科研医疗队，有幸跟方药中教授一起工作，为百姓诊治众多疑难病证，受益较多。在广安门医院医疗水平的提高，尚受益于杨树千、费开扬、刘志明、路志正、陆广莘等名医的指导。

学术成就

1. 论文论著

薛伯寿参加整理编写《蒲辅周医案》、负责编写了《蒲辅周医疗经验》，这两本书获全国科技大会奖。先后发表有关蒲氏学术思想继承与发挥论文40余篇，并主编《蒲辅周学术医疗经验－继承心悟》。代表性论文：《杨栗山温疫证治钩玄——蒲辅周老师对＜伤寒温疫条辨＞的推崇》、《杨栗山温病十五方》的临床应用、《著名老中医蒲辅周的学术特点》等。

2. 获奖情况

1986年被国家科委批准为国家级有突出贡献的中医科技专家。2003年春编写“非典”辨治八法及方药，获北京市中医管理局“北京中医药抗击SARS优秀科研论文”二等奖。2006年由中华中医药学会授予首届中医药传承特别贡献奖。2011年被北京市中医管理局授予北京中医药薪火传承贡献奖。

传承脉络

蒲辅周→薛伯寿→
- 学术经验继承人→齐文升、华　华、蒲永文、薛燕星、刘文军、胡东鹏、宋庆桥、肖月星、刘歆颖
- 研究生→张云安、赵志宏等
- 博士后→姚魁武、李　军
- 徒　弟→高社光、刘建设、王文记、赵　玲、李　达、马秀文等

供稿人：薛艳星

阎润茗

第一批全国老中医药专家学术经验继承工作指导老师

个人简介

阎润茗，女，1921 年 1 月出生，汉族，北京人。主任医师，硕士生导师，享受国务院政府特殊津贴。中国中医研究院资深研究员。1938 ～ 1942 年就读于华北国医学院，1952 ～ 1957 年就读于北京医学院（现北京大学医学部）医疗系。从事针灸临床、科研和教育工作 60 年，历任中国中医科学院西苑医院针灸科主任，中国中医科学院学位委员会委员，中国中医科学院研究生院客座教授，中国针灸学会理事、名誉理事，中国女医师协会常任理事，全国民间子午流注针灸联谊会针灸学术导师，亚洲针灸学会会员等。

学术观点

1. 学术特色

观整体，以经络辨证为规范。她认为，经络学说是中医学理论体系的重要组成部分，体现了中医的整体观。针灸临床治疗疾病的辨证归经、循经取穴、针刺补泻等，无不以经络理论为依据。结合临证经验，将《内经》中有关经络病候的论述，总结归纳出经络辨证规律，并指导临床实践，取得了很好的临床疗效。

宗《内经》，用针刺补泻施穴少而精。她认为，临床治疗疾病，要根据病人经络的虚实、症状的变化，应用不同的补泻手法，方能收到满意的效果。在长期的临床实践中，形成了独特的“捻转开合补泻”手法。这种针法针感强，易传导、感应经气，临床疗效显著，屡起痼疾。对四肢腧穴，善于应用交叉取穴法，认为其优点可以精简穴数，同时可以发挥经络与腧穴的相互协同作用，临床疗效明显。

重“流注”，以阐“天人相应”之奥微。她长期研究“子午流注针法”，认为“子午流注针法”是指人体的气血循行，或从子到午，或从午到子，随着时间先后的不同，阴阳各经气血的盛衰也有固定的不同时辰，气血迎时而至为盛，气血过时而去为衰，泻则乘其盛，补则随其去，逢时为开，过时为合，按时开穴进行治疗，可以提高某些疾病的临床治疗效果。在临床上，应用“子午流注纳甲法治疗外阴白色病变”、“子午流注纳子法治疗面神经麻痹”等，取得了满意的临床疗效。

创新穴，以治疗妇科之顽疾。对针灸治疗妇科疾病有独到的见解和丰富的临床经验。认为经络与妇科疾病有着密切的关系。用针灸治疗妇科疾病，以肝、脾、肾和心经穴以及奇经为主。特别对外阴瘙痒（外阴白色病变），阎润茗认为与肝脾肾三经有关，多因湿热下注所致，以阎氏经验穴“止痒穴”为主治疗，疗效卓著。

处方药，以针药并施之效彰。临床治疗疾病，除辨证要精细，用药取穴要恰当外，对于药物的用量和针刺补泻手法亦不容忽视，特别是药物剂量，关系到全方所起的作用。在临床上，善于针药并施，重视中药剂量的变化和腧穴针刺补泻手法的轻重来治疗疾病。特别是 20 世纪 80 年代，根据自己数十年临床经验研制的“加味牵正片”治疗面瘫，作为院内制剂，至今一直应用于临床，是面瘫患者的良药。

2. 治学经历

1938 年，考入华北国医学院，经过 4 年系统学习中医。1943 年秋，拜京城名医赵树屏为师。1945 年 -1949 年，又拜针灸名家李春萱为师，学习针灸。1947年，参加国民政府举办的全国中医师特种考试（相当于西医师高等考试），于1948年春在北京遂安伯胡同悬壶应诊。1952年，考入北京医学院医疗系学习，经过5年的中西医理论系统学习和实践。1957-1963年，被选派赴蒙古人民共和国中蒙友谊医院工作。1964年，被选派到中国中医研究院（现中国中医科学院）西苑医院妇科，从事有关“中药针灸避孕流产科研课题”的研究工作。1974年，被选派参加我国原子弹试验基地甘肃医疗队工作。1978年，担任中国中医研究院西苑医院针灸科主任，后一直在针灸科工作。

学术成就

1. 论文论著

重视经络在临证中的指导作用，发表了《经络诊断的临床应用》、《经络辨证与针灸临床》、《经络辨证刍议》等学术论文；对“子午流注针法”有深入的研究，发表了《子午流注开穴与闭穴初探》、《子午流注针法在实践中的体会》、《子午流注纳甲法的理论探讨及临床研究》等学术论文，并运用于临床实践；发表了《按时取穴治疗中风的临床研究》、《子午流注纳甲法治疗外阴白色病变40例临床观察》等学术论文；注重针药并用，发表了《针刺治疗周围性面神经麻痹184例临床观察》、《针药结合治疗外阴白色病变50例临床报道》等学术论文。《针灸临证精要》一书，是其临床60年学术思想与临床经验的总结。

2. 获奖情况

“针药结合治疗面瘫”荣获中国中医研究院西苑医院科研奖，“针药结合治疗外阴白色病变”荣获第二届世界传统医学大会国际功勋奖；“子午流注纳甲法治疗外阴白色病变”荣获中国古籍出版社《中国名医特技精要》优秀论文一等奖。2010年荣获北京“同仁堂杯”中医药工作60年特别贡献奖。

阎润茗指导培养了加拿大、新加坡等国内外硕士研究生6人、师带徒学生1人、学术传承人1人。

传承脉络

阎润茗→
- 周章玲
- 王克键→
  - 陆永辉
  - 李　智
- 赖芳山
- 马　丁
- 钟绍丰
- 刘国富
- 王芳妮
- 陆永辉→
  - 姜有佳
  - 邓立春

供稿人：陆永辉

姚乃礼

第四、五批全国老中医药专家学术经验继承工作指导老师

个人简介

姚乃礼，男，1944年10月出生，汉族，山西省榆次市人，主任医师，博士生导师，中共党员，享受国务院政府特殊津贴。中国中医科学院学术委员会委员。历任中国中医科学院广安门医院内三科副主任、副院长、院长，中国中医研究院及北京针灸骨伤学院常务副院长、党委副书记、院长、党委书记等职。担任第十届、十一届全国政协委员、全国政协教科文卫体委员会委员，中华中医药学会常务理事、内科学会副主任委员、急诊学会副主任委员，北京中医药学会副会长，国务院学位委员会学科评议组成员，国家药典委员会委员，国家食品药品监督管理局药品评审专家，《光明中医》总编等社会和学术职务。

学术观点

1. 学术特色

肝胆脾胃等消化系统疾病的研究。对慢性肝病及脾胃病的病因病机、证候规律以及防治进行理论基础和临床研究，提出并探讨了“毒损肝络”的病机，对慢性乙型肝炎、肝纤维化、早期肝硬化形成了“毒损肝络”为核心的辨证思路；通过对慢性萎缩性胃炎及癌前病变的临床及基础研究，提出了“脾虚毒损胃络瘀阻”的基本病机，形成了以“健脾和胃通络解毒”为核心的治则方药。

中医证候学的研究。在证候的规范、有关疾病的证候演变规律及评价研究方面，通过临床及有关课题研究，在理论认识上进行探讨，推动了学术的进步。

名老中医学术经验的整理研究。进行了历代名医学术思想及当代名老中医学术经验的研究，主持承担多项国家级科研课题，从研究方向、研究思路、研究方法进行了深入探讨，取得了一定的研究成果。

2. 治学经历

学术奠基：1962年考入北京中医学院中医系学习，1968年毕业。1980年中国中医研究院研究生班毕业，获医学硕士学位。得到了秦伯未、任应秋、陈慎吾、颜正华、董建华、刘渡舟等一大批全国著名学者的教诲，系统学习了中医理论，特别是《内经》、《伤寒》、《金匮》、《温病》、各家学说及临床各科，学习了西医基础。

实践积累：大学毕业后，分配到基层医疗单位，后调至山西省中医研究所，毕业后留在广安门医院工作，深得全国著名老中医沈仲圭、赵金铎、董德懋、谢海洲、路志正、刘志明等的言传身教。

深造提高： 研究生学习进一步系统学习了内经、伤寒、金匮、温病“四大经典”。由于有了临床实践的基础，对经典的学习，无论是理解还是应用体会，都有了质的飞跃，使自己的理论水平有了极大的提高。另一方面，研究生班聘请了当时全国著名中医药专

家讲学和举办讲座，不仅得到了理论的提高，而且学到了他们丰富的学术经验，成为学术提高逐渐成熟的重要源泉。

3. 师承关系

研究生期间，得到岳美中、方药中、谢海洲教授的亲授，并在谢海洲教授指导下，完成了学术论文。促进了学术观点和学术认识的提高及成熟。

学术成就

1. 论文论著

主要论著有《谢海洲中医杂病证治心法》、《古今名医临证精华》、《中医内科心身疾病研究》、《中医症状鉴别诊断学》（二版）、《中医证候鉴别诊断学》（二版）、《当代名老中医典型医案集》。主要论文有《络病理论与肝纤维化研究进展》、《苦参素治疗慢性乙型肝炎的系统评价》、《慢性乙型肝炎毒损肝络病机探讨》、《肝星状细胞中药血清药理学实验研究概况》、《络病学说现代研究进展》、《络病理论与肝纤维化临床》、《从“脾虚络阻毒损”辨治慢性萎缩性胃炎及癌前病变》。

2. 获奖情况

“芪术颗粒抗肝纤维化的临床与实验研究”获中国中医研究院科技进步二等奖，北京市科技进步二等奖；《实用中医脑病学》获国家中医药管理局基础研究三等奖；《中医症状鉴别诊断学》（二版）获中华中医药学会科技进步（著作）二等奖；《中医临床科研信息一体化体系的研究》获中华中医药学会科技进步一等奖（第二名）；《中医临床科研信息共享系统的研究》获国家科技进步二等奖（第二名）。

传承脉络

谢海洲、岳美中、方药中 → 姚乃礼 →
- 学术经验继承人→刘绍能、刘　震、曹　瑞、刘新桥（第四批）
  白宇宁、燕　东（第五批）
- 博士后人员→陶夏平、陈兰羽、焦拥政、王振亮、刘敬霞、马卫国
- 硕博士研究生→白宇宁、吕文良、周　斌、刘为民、张秋云、刘　震、
  张润顺、王少丽、胡建华、王德辉、朱昱翎、马继征

供稿人：白宇宁

广安门医院

原思通

第四批全国老中医药专家学术经验继承工作指导老师

个人简介

原思通（1937 年 7 月～ 2012 年 1 月），字达，汉族，河南省武陟县人。研究员，博士生导师，传承博士后导师，中共党员，享受国务院政府特殊津贴。中国中医科学院首届学术委员会委员。1963 年毕业于河南中医学院中药系，同年分配到广西中医学院，创建了广西中医学院制药厂和药学系，历任广西中医学院中药系主任，广西药学会常务理事，广西中医学院药厂厂长等职。1982 年调回河南中医学院中药系，任河南中医学院中药系副主任，河南省药学会常务理事等。1986 年调至中国中医研究院中药研究所，历任炮制室主任，中药所副所长、所长，所党委书记，中药所学术委员会主任委员，中药所高级专业技术职务评聘委员会主任委员。曾任国家秘密技术审查专家组专家，国家卫生部进口天然药物专家委员会副主任，卫生部药品审评委员会委员，中国药学会理事，中国药学会中药与天然药物专业委员会副主任，中国保健科技学会专家委员会委员，中华中医药学会中药炮制分会主任委员，北京中医药学会理事及中药炮制分会主任委员等。《中华大典》之《医药卫生典》编委和《药学分典》副主编，《中华本草》炮制专业编委会副主任委员，《中国中药杂志》编委会委员、副主编、顾问，《家庭中医药》杂志编委会主任，《中草药》杂志编委。

学术观点

在半个多世纪的中药生涯中，严谨治学，辛勤耕耘，在家传、院校教育及科研实践中，逐渐积累了丰富的中药炮制经验，并形成了自己的学术观念。

关于中药的毒性问题，他认为“是药三分毒。善用，毒药可起沉疴痼疾；误用，补药亦可伤人害命”。有“毒”、无“毒”，“毒性”强弱都是相对的。不加限定地将某药视为有毒或无毒，并将其绝对化，既不符合客观实际，也有违科学。从严格意义上讲，不存在绝对无“毒”的药物。“毒性”和“药效”是同时存在的药物属性。用药对证，剂量及用法恰当，“毒性”可以变为药效，祛病健身。相反，药不对证，剂量及用法不当，“药效”（偏性）亦可变为“毒性”，甚至损害人体健康。他提倡要加强对毒性中药的化学、药效学、安全性评价、药代动力学研究，逐步明确各种毒性中药的毒性及起效量、极量和解救措施等，减少对有毒中药应用方面的盲目性，使安全用药建立在科学的基础之上。

强调“饮片入药，生熟异治”是中医用药的基本特色。中医临床上用以治病的药物是“汤药”和“中成药”，而汤药和中成药的原料均是处方标明的生、熟中药饮片，并非中药材。即使“中药配方颗粒”，其原料亦是“严格按照中药炮制规范生产的中药饮片”。严格地讲，各种中药书上所言中药的性味、归经、功能主治、用法用量等，实为中药饮片的属性。饮片生熟，功效不同。通过炮制不仅可以减毒、增效，有的药物还可以转变药性，产生新的药效。这正是部分“毒药”早已被西方国家淘汰，而我国仍作为常用中药载入药典的原因。

关于中药炮制的科学研究问题，他十分推崇前部长陈敏章“继承不泥古，发扬不离宗”的理念。认为传统的中药炮制经验是中医药工作者在长期制药用药实践中观察总结形成的。研究中药炮制应在中医药理论指导下，紧密结合中医的用药经验，严密实验方案，选择好实验指标。他提出了中药炮制工艺研究中的“多指标考察综合评价”方法。认为炮制过程中各成分或多或少地发生着质或量的变化，在中药有效成分不清楚时，研究中药的炮制工艺，不能以一个或几个成分的变化来评判炮制工艺的优劣，要多学科、多指标相结合综合评价，在此基础上进行中试验证，考察新工艺的可行性和稳定性，公正、客观地评价不同炮制工艺的优劣，筛选出最佳炮制工艺。

他首创并运用“单体化学成分模拟炮制法”。重视炮制原理的研究，认为是解决其他炮制问题的基础。炮制后药效的改变实质上是成分的改变引起的，成分变化是药效变化的物质基础。他将主要药效单体成分与饮片在相同条件下模拟“炮制”，然后对比二者炮制前后的物质变化和药效变化，探寻二者之间的关系，揭示科学内涵。

非常关心中药饮片产业的发展，多次向国家相关部门阐述了自己对产业发展的看法，并提出了不少宝贵意见，认为“中药饮片生产应走规范化道路”。中药饮片生产的规范化、规模化、现代化、标准化，是中医临床疗效的基本保障。

关于治学，他常说自己并非天资聪颖之人，必须以勤补拙。所以从读书时开始，即以古人“书犹药也，善读之可以医愚”为座右铭，刻苦学习，勤奋治学。50年如一日，长期坚持写文摘卡片，累积达数万张之多。他认为知识是无限的，而人的精力是有限的。作为一个科技工作者，应根据社会分工和自己的专业需要，建立合理的知识结构。经过长期不懈的努力，积薄而为厚，聚少而为多，脚踏实地，一步一个脚印，不断攀登科学高峰。

学术成就

作为全国著名中药炮制专家，毕生致力于中药炮制学教学、科研事业，先后对中药商陆、芫花、雄黄、红娘子（樗鸡）、槐花及麦芽等中药的炮制历史沿革、炮制原理、炮制工艺及饮片质量等进行了深入的研究工作。获省部级和院级成果奖十余项。发表论文110余篇，出版专著10余部。此外，培养硕士生5名，博士3名，博士后2名。

传承脉络

原思通→
- 张振凌→周　艳、陈　红、杨海玲、王晓阁、王一硕、赵丽娜、冯晟楠
- 王祝举→唐力英、柴　伟、苏会娟、吴克红、徐义龙、周喜丹
- 张志杰、李娆娆、金钟淑、朴钟旭、朴盛树、查文请、薛公达、余伟文、樊乐翔

供稿人：王祝举

张　涛

第二、四批全国老中医药专家学术经验继承工作指导老师

个人简介

张涛，男，1929 年 10 月出生，汉族，河北省安新县人。研究员，中共党员。1955 年 7 月毕业于西安医科大学（原西安医学院）本科，从事中医骨伤科临床医疗、教学和科研工作 50 余年。

学术观点

1. 学术特色

在继承先人宝贵经验的基础上潜心研究，吸取先人之精华而又优于先人，博采众家之长而又不乏独到之处。与现代解剖学、中医基础理论、经络学、经筋学等理论相结合，辨证论治，实施手法治疗为主，配以中药内服外用，结合功能锻炼，取得了良好的临床疗效。在手法推拿治疗中强调手法娴熟，部位准确，轻重适宜，刚柔共济，深透有力，对症施治，使每一手法的作用力都能达到所需深度，总结出了以点穴、分筋、理筋、展筋、扳法及牵抖等独特手法为特色的 34 种手法。张氏手法推拿治疗各型颈椎病、肩周炎、腰椎间盘突出症、髌骨软化症、膝骨关节病及急慢性踝关节扭伤等疗效显著。经验包括：

继承发扬并举。在保留了杜自明先生的基本原则和主要手法的同时，运用现代解剖生理学和病理生理学知识，集众家之长进行了规范整理，简化手法，便于学习掌握和推广应用。

刚柔相济，寓刚于柔。手法娴熟，部位准确，轻重适宜，刚柔共济，深透有力。操作用力缓稳，严禁浮躁粗暴。

运用巧力，耐力持久。主张在手法实施过程中，应避免消耗过多，产生疲劳而影响疗效。

辨证施法。根据疾病不同病理阶段病理生理特点，手法的轻重急缓和侧重点做适当调整。如以膝关节疼痛为主，证属肝肾不足、筋脉瘀滞者，以髌骨两侧分筋夹提拿髌骨为主；以膝肿胀、积液较多，证属脾肾两虚，湿注骨节者，以腘窝部理筋为主；以膝关节疼痛、肿胀肥厚、下肢无力，证属肝肾亏虚，痰瘀交阻者，以内外侧关节间隙及股骨内外髁上分筋手法为主。

因人而异，“得气”为度。手法点穴之要与针刺同理，点穴的力度不宜太轻，也不可过重，以产生“得气”感及循经传导的“气至病所”感为度。

准字当头。循经取穴要准，用力方向也要准。在实施手法过程中要不断观察和询问病家的反应与感受，改变调整用力的方向，方可“准”而“得气”，以提高疗效。

中西结合，彰显疗效。手法所施部位既有经络腧穴，又有解剖部位。所施手法之取穴以循经取穴、阿是穴、敏感点、肌肉肌腱及韧带与骨附力点以及大的神经、血管循行部位为主。如：项角、夹角、下风市、股骨内外上髁、髌骨支持带、关节间隙等为常用经验穴。

强身健体，炼易筋经。修炼少林易筋经，施以手法，指力深透，绵绵有序，一张一弛，张合有度。主张形、气、意三结合，内外

兼修，做到内养外壮，行动之际或施术之时，功术结合，动静兼施，动中有静，静中有动。做到力到、意到、气到。

功能锻炼，助康复重预防。重视练功疗法的应用，严格把握锻炼的质和量。总结出了颈、肩、腰、膝等各部位锻炼方法。同时根据每个病人个体特点制定个体化功能锻炼方法，以增加疗效，缩短疗程。

调节生活起居。为巩固疗效，防止病情复发、症状加重，强调应注意避免引起疾病发生反复的不良劳作、活动等生活工作习惯。

治疗骨伤科疾病，除手法、系缚、练功等外治法外，内服外用中药亦是必不可少的治疗方法。他所研制的“无名片”、“骨科一号方”在临床和实验研究中均取得了一定成效。

2. 治学经历

西安医科大学毕业后在外科工作。1956 年参加首届“全国西医离职学习中医研究班”学习两年。1958 年 8 月分配到中医研究院内外科研究所（广安门医院前身）工作，先后拜杜自明、刘道信为师，深得两师真传。54 年来在骨伤科的医疗、教学和科研工作实践中，在继承两位老师宝贵经验的基础上潜心研究，孜孜追求，积累了丰富的经验。近二十年来，多次以专家身份不辞劳苦，远赴叙利亚、日本、西班牙、美国等地，巧施医技，治疗顽疾，赢得了当地人民的爱戴。1983 年曾被日本共同社推选为当年新闻人物，在各大报纸广为宣传。

3. 师承关系

师承我国名老中医杜自明先生，培养学术继承人 3 名，研究生 2 名。50 余年在不同时期不同地点举办的学习班和各种讲学中，培训进修生、实习生等各类学员数以千计，有来自美国、日本、印度、意大利、联邦德国、瑞典、马来西亚、新加坡、朝鲜、越南及中国香港地区的学员数百人，为将祖国医学这一灿烂文化发扬和推广作出了卓有成效的努力和贡献。

学术成就

为了继承和发扬中医骨伤科经验，1960 年主编了《中医正骨经验概述》一书，同时还编写了“杜自明正骨经验”电影资料片一部。1988 年，根据其 30 年的临床经验拍摄了《中国中医手法治疗筋伤》和《按摩》电视录像各一部及筋伤手法幻灯片一部。

传承脉络

杜自明→张　涛→
- 师　承→
  - 谢利民→宋亚文、王光涛、于　潼、李玉彬、董　明、景志磊、周　婧、张振南
  - 徐　超
  - 张　跃
- 研究生→
  - 王　胜
  - 罗江武

供稿人：徐　超、张　跃

张作舟

第一批全国老中医药专家学术经验继承工作指导老师

个人简介

张作舟（1922年7月～2010年10月），男，回族，北京人，主任医师，研究生导师，博士后导师，农工党党员，享受国务院政府特殊津贴。曾任中国中西医研究学会理事、北京中医药学会常务理事、北京中医药学会皮外科专业委员会主任委员、中国中医药学会外治法专业委员会副主任委员、《中级医刊》、《北京中医》杂志编委等职。

学术观点

1. 学术特色

注重整体观念，局部辨证与调理脏腑相结合。皮肤病的皮损虽显露于外，却与内脏密切相关，是脏腑失调的外在表现。古人云“有诸形于内，必形于外”，“其病本于内，治外不治其内，非其治也”。通过观察皮损的部位、形态、色泽等表象，结合望、闻、问、切，四诊合参，辨证论治，观其外而察其内，才能找到治疗疾病的有效方法。认为，病邪之所以侵犯人体，使人生病，总是先有正气的不足，才有病邪的侵犯，皮肤病亦是这个道理。若患者身体的某一部位出现损害，在诊病过程中，一定要以扶正为先，切不可一味攻邪。即使表现为一时的邪盛，也要注意祛邪而不能伤正，中的即止，否则易犯虚虚之错。常采用扶正法，佐以除湿解毒，治疗那些难以治愈的顽固性皮肤病。对于湿疹等渗出性皮肤病，很多人都认为渗出液是由于湿热毒邪所致，其皮损中的渗液，不可一概视为湿热之邪，而应该看成是体内津液的一部分，不可一概攻伐，应责之于脾胃运化失职，气化不利，导致胃不游溢精气归脾，脾不转输水精归肺，水液潴留，迫精外溢，津随气行，气虚固护无权，导致津液外泄。因此，对于这类渗出性皮肤病的治疗，不可多用苦寒峻猛之品，当以维护正气为本，祛邪而不伤正，气充则津液内守，疾病自愈。

重视脾胃失调与皮肤病之间的关系。治疗皮肤病，遣方用药特别注重对于脾胃的调理。他认为，脾化生气血津液，濡养周身，安五脏、调六腑，故被称为“生化之源，后天之本”。脾气健运，肺卫宣发，而起到熏肤、充身、泽毛之作用。若脾气虚弱，肺卫不固，则风邪侵袭，而见风团、水液代谢失常，溢于肌肤，则为湿疹；脾胃虚弱，肌肉失养，则见皮肤干燥脱屑等。多用四君子汤、八珍汤等健脾除湿；还用胃苓汤、逍遥散等益气健脾，调理中焦。对于有遗传倾向的皮肤病，如各类湿疹、异位性皮炎等病情顽固难于治愈的疾病，这类患者常先天禀赋不足，治疗时要根据补后天以养先天的原则，益脾胃，以固后天之本，使生化有源。对于湿邪导致的皮肤病，要遵循“治湿不理脾胃，非其治也”之理，健脾除湿，补中有泻，泻不忘补，使用除湿之法时，慎用苦寒之品，多采用甘淡渗湿之药，以免损伤胃气。

擅长外治疗法，致力剂型改革。在皮肤病外治法及外用药的制剂方面有深厚的功力，认为皮肤病的治疗不同于内科杂病，既要注重内治以调理脏腑，也要强调外治以改善皮损。有些皮肤病，如某些癣类疾患、急性湿疹、接触性皮炎等，单纯用外用药，即能收到良好的治疗效果。治疗皮肤病，内外治法要相互结合，二者不可偏废。传统的中药软膏，大多采用动物脂肪和植物油作为基质，其渗透性虽好，但容易腐败变质，不易保存，涂展性也比较差；改用凡士林作基质后，虽然不易变质，涂展性亦好，但渗透性差，不利于药物的吸收，涂在皮肤上，容易形成一层不透气的薄膜，使皮肤之渗液不易排出，反而会使病情趋于恶化，还容易污染衣物，影响美观。软膏是皮肤科最常使用的剂型之一，若能将传统软膏的药色、粗糙感、黏腻性等不利因素加以改造，不仅能够提高疗效，还可起到护肤驻颜的作用。在查阅了大量文献资料，结合现代科学技术，亲自动手进行各种实验研究，摸索出一套中药乳膏制剂的配制方法，研制出霜剂、粉剂、酊剂等系列治疗皮肤病的外用药物，取得满意疗效，深受患者的欢迎。

2. 治学经历

在 13 岁时跟随京城名医哈锐川学习，是中医皮科从疮疡外科分离出来成为独立学科的见证人和参与者；是首批积极倡导中西医结合和皮肤病外治法先驱者之一；也是中药外用药剂型改革的勇于实践者；1939 年考入北京国医学院，1942 年取得了中医师资格，1958 年毕业于北京大学医学院。

3. 师承关系

北京大学医学院毕业后，到北京市中医医院，跟随赵炳南老中医学习，帮助整理赵老的临床经验，并协助赵老研制各种内外用药。培养学术继承人刘瓦利、方平 2 人。

学术成就

1. 论文论著

《陈实功与外科正宗》、《皮肤病外治法与外用药配制》、《寻常型天疱疮治验 1 例》、《张作舟治疗顽固性湿疹经验介绍》、《中医皮科外治法系列讲座第 1 ～ 8 讲》。

传承脉络

哈锐川、赵炳南→ ┬ 张作舟→刘瓦利、方　平
　　　　　　　　 └ 陈彤云

供稿人：刘瓦利

赵永昌

第一批全国老中医药专家学术经验继承工作指导老师

个人简介

赵永昌，男，1920 年 11 月出生，满族，北京人，主任医师。祖上世代行医，幼秉庭训，始读本草，1940 年从师京华外科名医段馥亭先生，满师后参加北京医生开业考试并名列前茅，遂正式悬壶。1956 年参加北京市中医进修班学习，1958 年底调入中国中医研究院广安门医院，专门从事疮疡外科的医疗与研究工作。历任中国中医研究院专家咨询委员会委员，学位评定委员会委员等。赵永昌为国家中医药管理局第一批师带徒指导老师。

学术观点

赵永昌为段氏外科重要传人。段馥亭以擅治阴证痈疽而名噪京华，门徒不少，惟其常随段师出诊，远至津沽，近在京师四城，朝夕相随，耳濡目染，尽得真传。他以扎实的中医理论与师承经验，临证多有发挥，内外兼施，屡起沉疴。

在学术思想上以《内经》阴阳学说、藏象学说为本，主张从阴阳消长、平衡的基础理论出发，着眼于自然大环境、人体小系统与特定局部之间的辩证统一关系及其态势。强调外治之法是外科的专长，施治之理本同内治，若独施外治之法则悖矣。据此精研古今疮疡之术，创立“补消”一法。认为阴证痈疽自古沿用火灸法、阳和法和外用膏药等治疗方法，多是从疾病的病位出发，未免失之于整体。他潜心研究，参照段师治疗经验，师阳和之意而创立了治疗阴证痈疽的完整理论框架、施治原则及具体方略，显示了师古创新的治学思想。

临床创滋阴增液，清热解毒之治疗上搭之法。据《医宗金鉴》所载，治疗上搭循用神授卫生汤、逍遥散和六郁汤。赵永昌根据临床实际认为上述疗法是治疗上搭的主要方法，但若其症状反复不愈者，施之上法则方证不符。他认为病久则伤其阴，阴精受损，当用滋阴清热法，用甘润甘寒之品。若阴分已伤，邪热尚盛，则需清热与养阴并用，如增液承气汤。他一改在乳痈、乳发、乳漏治疗中破脓已溃不宜用皂刺之说。但他以为其乳络未通，肝经未畅，即可以不囿其说，否则墨守成规，只能加重病证。常选用青皮配皂刺，皂刺其性走窜，内及脏腑，外至皮毛；青皮入肝，行气通滞，二药相使而用，则疏通乳络，穿凿肝经之力宏。

临床治疗外科疾病，颇有心得。倡用清热解毒法施治于乳痈，根据“热者寒之”的治则选用五味消毒饮和橘叶瓜蒌汤二方化裁。视五味消毒饮为君，橘叶瓜蒌汤为臣使，方选：橘叶、瓜蒌、王不留行、路路通、双花藤、公英、青陈皮、蚤休、皂刺，服药后可使乳房痈肿迅速消散。治疗时善用公英、忍冬藤，认为公英清热解毒、消肿散结，是治疗乳房痈肿的要药；忍冬藤一味，功同双花，自有入经络清热毒而止疼痛之效。赵老强调：乳房不通是本病的症结，乳头虽为肝经所辖，却是乳络之枢，奶液通道，所以在施治中时时行通乳络之法。以陈皮健脾化痰通乳络，以青皮疏肝通乳络，根据临证，或一品独用，或二品共施。用本法治乳痈，可在短期内获效。

尤其对于乳痈的坏证，如乳发、乳漏的治疗，也能取得满意的疗效。

师从段馥亭，指导修丽梅，她继承并发展了赵老的学术思想和诊疗经验，概括出脱疽以“血脉瘀阻型”为多，辨证施治，提出了“补消法”的内在含义，“补亏耗之阴津，消其热毒；补其因久病迁延所耗之气血，消其气血运行失畅所致脉络瘀阻；补以生其因脓不泻则筋烂之肌，消其因肉腐而生之脓毒”。“补消法”不但阐明了去腐生肌的作用，还以活血化瘀、清热解毒、滋阴补血益气治疗脱疽。总结了“赵氏脱疽方（Ⅰ、Ⅱ）”。包括内服赵氏脱疽汤：以扩张血管及改善微循环为主，兼以抗炎，促进伤口愈合；外用赵氏脱疽膏：以抗炎、抗菌、抗凝为主，兼有镇痛、促进伤口愈合等功效。研究其机理、挖掘其现代医学的作用机制。完成了探讨赵氏脱疽方Ⅰ干预 AGEs 和微循环的科学内涵（2006．6～2008．5 人事部、国家中医管理局的课题）；探讨赵氏脱疽方Ⅱ干预 AGEs 和微循环的科学内涵（2008.8～2010．12 年国家级课题，中国博士后基金）。

广安门医院

学术成就

1. 论文著作

赵永昌倾心临床，从医 50 余年积累了丰富的中医外科诊疗经验，对各种皮外科疑难杂病的治疗有独到之处，曾参与抢救“杨晓霞怪病”的实践。他诊疗骨结核、骨髓炎、淋巴结核、慢溃疡、糖尿病性坏疽、周围血管病、急慢性湿疹、牛皮癣、皮肌炎、红斑狼疮及多种乳房疾病确有奇效。曾在国家一、二级医刊上发表多篇学术论文，1978 年完成中西医结合治疗骨与关节结核的临床观察，治愈率高，并将论文发表在《新医药杂志》上。参加段馥亭老师《中医外科证治治验》一书的整理，责任编写了《中医外科学》。

2. 获奖情况

参与的“攻克脓肿型溃破型淋巴结核临床研究”曾获卫生部乙级成果奖。

传承脉络

段馥亭→赵永昌→ 赵建 / 修丽梅

供稿人：修丽梅

周霭祥

第二批全国老中医药专家学术经验继承工作指导老师

个人简介

周霭祥，男，1926年4月生，江西樟树市人，主任医师，教授，博士生导师，博士后导师，中共党员。享受国务院政府特殊津贴，中国中医科学院荣誉首席研究员。曾任中国中西医结合学会血液学专业委员会主任委员，名誉主任委员，卫生部医学科学委员会输血和血液学专题委员会委员，中国中医研究院学术委员会委员，中华医学会北京分会血液学会委员，《中华血液学杂志》编委，《白血病淋巴病杂志》编委，《中国中西医结合杂志》编委，《中医杂志》特约编辑。

学术观点

1. 学术特色

将现代医学的科学研究方法引入中医血液病的研究，成为全国中西医结合研究血液病的领头人。一方面博览中医古籍，一方面重视临床实践，几十年来一直在医疗科研第一线工作。经过边实践、边探索、边总结，经验与日俱增，治疗规律也逐渐形成。比如再生障碍性贫血，主张重点补肾填精，兼补气血。骨髓增生异常综合征，在补肾基础上加用解毒抗癌药。溶血性贫血，在溶血发作期以清热利湿为主；不发作期重在健脾补肾。白血病、恶性淋巴瘤、多发性骨髓瘤等恶性血液病，应该根据疾病的阶段祛邪与扶正有所侧重，早期以祛邪为主，晚期以扶正为主。特发性血小板减少性紫癜、过敏性紫癜等出血性疾病，急性期适宜凉血止血、清热解毒为主；慢性期以益气补血、健脾补肾为主。在全国倡导和推广了以肾为中心的再生障碍性贫血的中医辨证体系。应用“青黄散”治疗急、慢性白血病，开创了国内应用含砷中药复方治疗白血病的先河。

2. 治学经历

1954年从湘雅医学院毕业，接受良好的西医教育，酷爱学习，志存高远。“盛年不再来，一日难再晨；及时当勉励，岁月不待人；弃燕雀之小志，慕鸿鹄而翱翔。”为他的座右铭，他毕业时分配到中央保健委员会任保健医生工作，参加了卫生部委托中医研究院举办的全国第一期西医离职学习中医研究班，系统学习中医。

早期的中医理论学习得益于名师秦伯未讲授《内经》、陈慎吾讲授《伤寒》，对祖国传统医学有了较深的认识，并逐渐理解《内经》、《伤寒论》等所揭示的传统医学整体观念和辨证论治学说。自此，成功地开始了他的西医学习中医转型思维。在工作初期，又师从名医岳美中、王文鼎，学习他们的学术思想和临床经验；同时在阅读古籍《内经》、《伤寒论》、《金匮要略》、《本草纲目》、《医宗金鉴》、《血证论》等名著中学习中医的理、法、方、药，为他学术观点的形成和独特诊疗方法打下坚实的基础，毕业后留在中国中医研究院西苑医院工作。

3. 师承关系

在早期的临床工作中，师从朱丹溪后裔、著名中医药学家、西苑医院血液病研究室主任朱颜先生，传承了朱颜先生“治病必求于本”、“温补肾阳法治疗再生障碍性贫血”等学术观点，在国内同行业产生了巨大的影响。

学术成就

1. 论文论著

周老将临床治疗及实验研究结果发表论文100余篇，其中90%以上在国家一级杂志上发表，如《中华医学杂志》（中文版）及（英文版）、《中华内科杂志》、《中华血液学杂志》、《国外医学·输血及血液学分册》、《中国中西医结合杂志》、《中医杂志》等。将自己对血液病的认识、临床经验以及研究成果编写成血液学专著《当代中西医结合血液病学》。主编及参加编写的医书共25种，其中有《临床血液学》和《邓家栋临床血液学》，主编是我国西医血液学界的泰斗—中国医学科学院邓家栋教授等，参加编写的编委都是全国西医界血液病的著名专家，中医界唯独邀请周老担当编委，编写其中中医部分。

2. 获奖情况

温补肾阳的“大菟丝子饮”治疗再生障碍性贫血研究，获1986年度卫生部中医药重大科研成果乙级奖，1987年获得卫生部科学委员会贡献奖，1992年获得国务院医药卫生特殊贡献奖，2000年获得中央保健委员会突出成绩奖，2003年获得中国中医研究院师承教育突出贡献奖，2005年获得中国中医科学院建院50周年突出贡献奖，2005年被中央保健委员会授予先进个人的光荣称号。周霭祥名老中医是《当代国医百家》之一。“以肾为中心的再生障碍性贫血的中医辨证体系”获得良好效果，该研究得到国家“七五”攻关课题资助，研究成果获1998年度中国中医研究院中医药科技进步二等奖。“应用青黄散治疗急、慢性白血病”开创了国内应用含砷中药复方治疗白血病的先河。作为主编之一的血液学专著—《当代中西医结合血液病学》，获得1998年度中国中医研究院科学进步奖及1999年度国家中医药管理局科技成果奖。

传承脉络

朱　颜→周霭祥→
- 王　奎、陈志伟、陈慧敏、杨宇飞、王意中、王展翔、胡乃平、全日城、肖海燕
- 麻　柔→李　柳、徐　述、张珊珊、郑春梅、唐旭东
- 刘　锋→郭小青
- 胡晓梅→马俊丽、曲文闻、宋敏敏

供稿人：胡晓梅

西苑医院

周济民

第一批全国老中医药专家学术经验继承工作指导老师

个人简介

周济民，男，（1919 年～ 1994 年），汉族，重庆市人。主任医师，研究生导师，农工民主党党员。1934 年师从于著名中医刘崇恩先生，1939 年通过中西医师合格证考试，从事肛肠领域工作、研究近 50 年。历任重庆卫生局痔瘘研究组副组长、组长职务，中国中医研究院广安门医院肛肠科主任。曾担任中国中医研究院专家委员会委员，北京市中医药研究促进会理事，全国肛肠学会常务理事等。

学术观点

1. 学术特色

行医五十年余，虽然肛门直肠疾病局部症状突出，但诊病始终遵循“四诊”查病，八纲辨证。他常说 “阴阳是辨证之首，对诊断和治疗都有重要意义 ，否则将会发生原则性错误。”把握阴阳的同时，要根据病人体质、症状、邪正盛衰及内因、外因等情况，结合表里、虚实、寒热辨证，联系局部肿痛脓痒，进行分析归纳，从根本上把握疾病的性质。

认为同一种肛门直肠病，表现在同一病人身上或不同个体，由于正邪关系，致病原因，病程长短等因素影响同中有异，不仅对局部要辨病，还要辨证，不仅要分清痔、瘘、裂、痈等，还要辨别阴阳、虚实、寒热。

常说“有诸内，必形诸外，内症愈而外症易痊”。他对术前、术后的患者，总是因人因病辨证立法用药，内外兼治。他认为弃内治外或弃外治内都是错误的。应当遵循急则治其标，缓则治其本，内外结合的治则。在临床工作中，强调“治未病，防病于未然”。临证常告诫病人注意饮食起居，讲明辛辣厚味、饮食不节、排便不规律与肛门疾病的关系，以防痔疾的发生及加重。

枯痔法治疗痔疮，早在明代《外科正宗》内已有记载。认为传统中医的枯痔疗法虽然能达到使痔核发生渐进坏死，彻底治愈的作用，但由于毒性反应大，需分次用药才能治愈，且疗程长，痛苦大，限制了临床上的使用范围。他首次将枯痔疗法改进，去掉白砒，推出无砒枯痔散治疗内痔，避免了砒中毒，使病人痛苦大大减轻。采用明矾注射液治疗一、二期内痔。他认为，注射疗法治疗内痔是在枯痔散基础上的一大改进，具有疗程短，病人痛苦小，并发症少，操作简便，疗效可靠等优点。根据祖国医学“酸可收敛、涩可固脱”的理论和完全性直肠脱垂的发病机理，在反复临床试验研究中，将明矾注射液应用于直肠脱垂的治疗上，通过数百例病人临床观察痊愈，无直肠狭窄、性功能障碍后遗症。该疗法为成人完全性直肠脱垂的非手术治疗开辟了一条新路。

临证治病不拘泥于一方一法，据其证而用其法。在治疗肛瘘方面，以手术快、损伤小、预测管道走向准确、疗效高、手术方法先进、经验丰富而著称。20 世纪 50 年代，他首先改传统药线为橡皮筋挂线治疗高位肛瘘，减轻了多次紧线给患者带来的痛苦，又缩短了疗程。在手术方面认为必须准确寻找内口，并正确处理好内口，是彻底治愈肛瘘的关键。彻底清除主管、支管以及死腔窦道，主张开放，引流通畅。尽量清除管壁、腐败组织， 杜绝感染复发机会。在术后治疗上，周济民非常强调术后创面的处理，他常说“支管残留，疾疾难愈”。术后每次换药时都应注意是否有支管残留，如发现则予以相应处理。防止假愈合及复发、促进肉芽生长有不可忽视之作用。

时宜重化腐，用红粉纱条蚀管祛腐，待创面腐脱管化，则应改用生肌玉红膏换药，促进肉芽生长。防止桥形粘连，出现假愈合。肉芽生长不良和水肿，他主张用盐水纱条换药，有促进肉芽变为新鲜和消肿的作用。小创面仍不易愈合 ，在排除假愈合后，外用珍珠散常可收到比较满意的效果。

2. 治学经历

1934 年从师于著名老中医刘崇恩先生。由于他刻苦攻读，潜心研究，加之名医指点，很快学有所就，1939 年通过考试取得中医师合格证，不久便在重庆开业行医。1952 年进入西南局卫生部直属新渝医院工作。1954 年参加重庆痔瘘小组，先后给中央直属各医院、北京市属各医院及各厂矿医院开办五期痔瘘中医疗法学习班，推广中医疗法，是中医方面主要讲授者。1954 年至 1955 年，参与研究用橡皮筋代替药线治疗肛瘘，用无砒枯痔散治疗内痔，获得成功。1955 年给黑龙江省举办一期痔瘘疗法学习班，推广中医疗法，是主要讲授者。1958 年起，先后研究用挂线疗法治疗高位复杂性肛瘘，用外剥内扎法治疗混合痔，用明矾液治疗直肠脱垂，获得成功。以其简便的方法治疗痔疮获得显著疗效，为了推广其治疗经验，调入北京中医研究院工作。1971 年中医研究院主持，在山西稽山为山西省主要医院办一期痔瘘中医疗法学习班，推广中医疗法。受卫生部委托，在辽宁沈阳举办北方九省中西医结合防治肛肠疾病学习班，是中医方面主要讲授者。

学术成就

1. 论文论著

发表了《枯痔散治疗内痔的初步经验》、《明矾枯痔锭治疗内痔的观察》《结扎疗法治疗各期痔核的疗效报告》、《复杂性肛瘘 150 例经验介绍》等论文。出版了《痔疮痔瘘患者须知》、《痔瘘中医疗法手册》、《中医鉴别诊断学・痔瘘篇》等著作。

2. 获奖情况

1955 年重庆痔瘘小组中医疗法总结，卫生部印发全国推广。因对发扬和挖掘祖国医学和对中西医结合做出了贡献，重庆痔瘘小组获国家二等奖，在中医研究院开院时接受奖旗、奖状。1958 年起，先后研究用挂线疗法治疗高位复杂性肛瘘，用外剥内扎法治疗混合痔，用明矾液治疗直肠脱垂，获得成功。1978 年获卫生部奖励， 医药卫生全国科技大会授予广医肛肠科先进集体奖状。1981 年 10 月，中医研究院主持邀请国内中西医专家鉴定明矾液治疗成人直肠脱垂，确认为院级成果，与会代表建议上报卫生部，晋升为部级成果。

传承脉络

刘崇恩→周济民→李国栋→寇玉明

供稿人：寇玉明

周乐年

第三批全国老中医药专家学术经验继承工作指导老师

个人简介

周乐年，男，1943 年 2 月出生，汉族，山西省定襄县人，主任医师，中共党员。1969 年毕业于北京中医学院（现北京中医药大学）中医专业，获医学学士学位。1969 年 9 月至 1980 年 8 月，在甘肃国家建委七局职二医院工作。1980 年 9 月至 1983 年 7 月，在中国中医研究院研究生院攻读硕士研究生，师从著名老中医步玉如教授并获得医学硕士学位。1983 年起在中国中医研究院西苑医院工作，曾任医务处处长、消化科主任。担任《中华医学研究杂志》编委，《中华现代中西医杂志》编委。

学术观点

1. 学术特色

在长期的临床工作及教学中积累了丰富的诊治脾胃病的经验，逐步形成了自己独特的学术观点。认为治疗脾胃病首要审证求因，在辨证时强调辨脏腑、阴阳、虚实、寒热和气血；强调西医辨病、中医辨病辨证相结合，提高了辨证用药的科学性，对临床实际操作具有非常重要的现实意义。他博览群书，潜心钻研，对中焦虚寒证有其独特见解。根据多年临床经验，认为中焦虚寒证是一大类证，均表现为胃痛绵绵，喜温喜按，不思饮食，乏力，舌淡苔白。步玉如老中医将香砂六君子汤证、理中汤证和小建中汤证归为中焦虚寒证，周乐年不仅继承了步老师的学术思想，同时在继承的基础上有所发展和创新，将中焦虚寒证根据病情程度不同分为气虚、阳虚、阴阳两虚和寒热错杂四种。在临证时还注重灵活运用补法，强调阴阳互根，根据阴虚或阳虚之不同而灵活加减；注重气血互补，归芪建中汤的广泛应用就是强调气血双补的最好体现；推崇叶天士所倡之通补法即关键在于确定补益与通调的比例，通补兼施，使补而勿呆，补而勿滞，补而勿腻，补而勿燥；同时强调扶正固本，推崇李东垣《脾胃论》思想，脾胃为元气之本、生命之根，对于久病，气血阴阳皆虚，气化不利，用普通的补法难以取得满意的疗效时应用固本法。固本法包括温补阳气、脾肾并重和重视气化。在遣方用药时精益求精，坚持四大用药原则，详审病情的轻重缓急，查明体质的强弱和疑难病证的遣方用药。在遣方上特别选用名家方剂，推崇医圣张仲景《伤寒论》之方，亚圣叶天士之方，推崇经方，如建中汤类的黄芪建中汤、当归建中汤、归芪建中汤等；泻心汤类的半夏泻心汤、黄连泻心汤、甘草泻心汤；柴胡汤类的小柴胡汤、大柴胡汤等；承气汤类的大承气汤、小承气汤、调胃承气汤、增液承气汤等。善用成方，如百合乌药汤、丹参饮、六味地黄丸、芍药汤、理中汤等。在用药上强调：一选用常用药，此类药一方面古代医家常用，总结了很多经验，同时进行了现代药理研究；二选用多功能药，即有几个作用的药物，如对既有高血压，又有便秘、高血脂患者首选药为草决明等。

2. 治学经历

在长期临床实践中摸索创新，将中医理论应用于临床及科研，并融汇古今，中西结合，形成了自己独特学术观点。擅长治疗消化系统疾病，对消化性溃疡、慢性胃炎、慢性结肠炎、克罗恩病、反流性食管炎、食管裂孔疝、结肠冗长症、肠系膜动脉粥样硬化病、肝硬化、慢性胰腺炎等疗效显著。中医辨证施治能力强，对多科疾病均有较好疗效，对于五官科疾病、性功能障碍、皮肤病等各种疑难杂症疗效确切。他经常参与各科的会诊，上为首长诊脉，下为百姓治病，常常因为三副药起沉疴，被人们尊称为“周三副”。周乐年大学期间师承刘渡舟、王绵之等老师、他的硕士导师步玉如为北京四大名医之一孔伯华的弟子，第一批全国老中医药专家学术经验继承工作指导老师，深得步老诊治脾胃病真传，专攻消化系统疾病及疑难杂证，成效卓著。

学术成就

发表《“正气”概念再诠释》、《〈理气元鉴〉述评》、《步玉如老师诊治胃脘痛经验》、《补法临床应用》、《四逆散再注释》、《怪病从痰治》、《虚劳诊治大法》、《古方今用临床经验大全》等论文23篇。主编《成方新用临床经验大全》、《中医优生学》等专著，参与编写《抗衰老中药学》等六部著作。

曾获中医药治结肠炎研究三等奖。完成北京市重大科技项目《基于信息挖掘技术的名老中医临床诊疗经验研究——周乐年教授临床诊疗信息采集模块的建立与临床经验采集和研究》，获北京市科技进步奖三等奖。培养学术继承人4名，临床硕士10名。

传承脉络

步玉如→周乐年→
- 李保双
- 纪太军
- 贺登峰
- 硕士生：叶开伟、陈建逢等
- 谷玉宏

供稿人：李保双，纪太军

周绍华

第二、三批全国老中医药专家学术经验继承工作指导老师

个人简介

周绍华，男，1937年3月出生，汉族，北京人。研究员，博士生导师，享受国家政府特殊津贴。国家中医药管理局重点学科带头人，中国中医科学院学术带头人，中国中医研究院资深研究员，中国中医科学院学术委员会委员。1963年毕业于北京中医学院（现北京中医药大学）中医专业，获学士学位。从事神经系统疾病的中医临床、科研和教学工作近50年。历任中国中医科学院西苑医院神经科主任，现任中国中医科学院西苑医院专家委员会委员，中央保健局会诊专家。

学术观点

1. 学术特色

在诊治疾病的过程中，注重辨证与辨病相结合。对于一组症状的出现，首先明确西医的诊断。如中风，首先明确是脑出血或是脑梗死，在辨证论治的基础上，适当加用活血药或止血药。再如头痛、头晕，明确诊断是鼻窦炎，还是高血压头痛头晕，在辨证论治的基础上，加用经现代医学研究证实具有降压或抗菌作用的药物。

以外风立论治疗中风，提倡中风病外风引动内风的病机学。认为外风为中风发病的诱因，脉络空虚，风邪入中，外风引动内风而发病。因此在用药方面选用大秦艽汤为主方加减化裁，并在大秦艽汤基础上加用黄连、菖蒲、郁金等清热化痰药物，及党参以益气养血生津，全方共奏祛风通络、益气养血、清热化痰、开窍醒神的作用，对中风病急性期出现的半身不遂、言语謇涩、头晕、头痛、身热、舌红、苔黄、脉弦等常见的风热瘀血、闭阻经络证候疗效甚佳。在此基础上，研制了新"药秦归活络口服液"，于1995年获国家中医药管理局科技成果三等奖，1998年获新药证书及生产批件。

倡导"百病从痰治"的理论。神经系统疾病当中，如中风、癫痫、脏躁、郁证、眩晕、失眠等疾病大多为"痰"作祟，故在临床治疗中，常常使用温胆汤加减，并在原方基础上根据兼证加减变通，灵活应用。如热象较重，舌红苔黄者加黄连、黄芩为黄连黄芩温胆汤，加竹叶为竹叶温胆汤等，兼有气血虚证则加人参、当归为人参当归温胆汤，尤其加用理气药柴胡、香附等是临诊时经常应用的方法。正所谓"善治痰者，不治痰而治气，化痰必先理气"。运用加减温胆汤治疗具有痰热证的各种不同疾病，屡获奇效，体现了"痰为诸病之源，善治痰者能治百病"的道理，也是中医药治疗中"异病同治"理论的具体运用。

运用破血逐瘀法治疗脑出血。认为脑出血后，瘀血成为其病理产物，患者神经功能的损伤主要是由于血肿的占位效应以及一些生物毒性物质的释放，使机体血液处于高凝状态，从而导致脑血流灌注减少、脑水肿，并加重继发性缺血脑损害，因此瘀血又成为出血中风的致病因素，而且还决定其发展变化。正如清代唐宗海在《血证论》中所说："凡是离经之血与荣养周身之血，已睽绝而不合。"

又说："此血在身不能加于好血，而反阻新血生化之机，故凡血证总以去瘀为要。"因此提倡选用破血逐瘀法治疗脑出血，较早使用水蛭以活血化瘀，破血散结。在此基础上，研制了以水蛭为主要成分的中成药"脑血康胶囊"，该药目前已广泛应用于临床脑出血的治疗。

2. 治学经历

出生于工人家庭，自幼家境贫寒，看病十分困难。妹妹患麻疹性肺炎，因无钱医治而最终导致死亡。从小暗暗立下决心，一定要终身致力于医学，治病救人，解决百姓病痛之苦。通过刻苦的学习，1957年考入北京中医学院，毕业后一直在中国中医研究院西苑医院从事内科临床及科研工作。在北京宣武医院神经内科进修1年，回院后开始组建神经科，西苑医院成为在国内中医医院系统中最早建立神经科的医院之一，在国内外有较高声誉。

3. 师承关系

师从名医朱颜，朱颜强调治病"求本"，认为"本"之意实为阴阳，具体地说就是阴阳、寒热、表里、虚实八个概念所反映的错综变化的病理过程、临床表现。朱老师还强调辨证与辨病相结合，因此周绍华亦注重治本求本及辨证辨病相结合的方法。

学术成就

1. 论文论著

发表论文十余篇，如《活血Ⅱ号注射液治疗急性闭塞性脑血管病147例临床疗效观察》、《解郁安神散治疗神经衰弱73例的临床疗效观察》、《水蛭治疗脑出血颅内血肿48例临床观察》、《脑血康治疗高血压性脑出血的临床与实验研究》、《秦归活络口服液治疗急性脑梗塞的临床与实验研究》等。发表的论著有《神经系统常见疾病中医诊治》、《神经系统疾病中医证治精要》、《中西医结合临床诊断治疗学》等。

2. 获奖情况

研制治疗脑出血的新药"脑血康口服液"及治疗脑梗死的新药"秦归活络口服液"，获国家中医药管理局科技成果三等奖。"血瘀证与活血化瘀"研究获2003年国家科技进步奖一等奖。

传承脉络

朱　颜→周绍华→
- 毛丽军→
  - 边　微
  - 戴景超
- 吴小明、宁　侠、司　维、洪　霞

供稿人：毛丽君

西苑医院

周文泉

第四、五批全国老中医药专家学术经验继承工作指导老师

个人简介

周文泉，男，1940年9月，汉族，吉林人，主任医师，教授，博士生、博士后导师，中共党员，享受国务院政府特殊津贴。中国中医研究院资深研究员、中国中医科学院科学技术委员会委员、中国中医科学院学术委员会委员、中国中医科学院学位委员会委员、国家中医药管理局全国中医老年病医疗中心学术带头人、中国中医科学院老年病中心学术带头人、中国中医科学院西苑医院老年医学及清宫医案研究室研究员。1963年毕业于长春中医学院医疗系，获学士学位，从事中医老年病临床科研教学工作40余年，1984年创建西苑医院老年病科，1997年成为全国中医老年病医疗中心主任；中华人民共和国药典委员会特别顾问，国家中药品种保护审评委员会委员；中国药膳研究会名誉会长；世界中医药学会联合会老年病专业委员会会长，中国中西医结合学会养生学及康复医学专业委员会名誉主任委员，中央保健委员会中央保健会诊专家，担任《中医杂志》、《中西医结合杂志》等多家医学期刊编委。

学术观点

1. 学术特色

在总结前人临床经验及学习经典理论的基础上，在临床工作中逐渐形成调整为主，“致中和”的学术思想。“致中和”是中国古代儒家思想的核心，蕴含着中国文化的不偏与中庸，在《礼记·中庸》中记载“喜、怒、哀、乐之未发，谓之中；发而皆中节，谓之和。中者也，天下之大本；和者也，天下之达道也”。“中”是一种自然未发的不偏状态，是成物的本源，静态的平衡；“和”是一种因时而发的有节度的和谐状态，是动态的平衡，而最终达到“中和”。依据调整阴阳以致中和理论，无论疾病症状怎样复杂，其根本在于阴阳失衡，气机逆乱，气血失和，脏腑功能失调所致。只有通过调整阴阳偏胜偏衰，才能顺应阴阳平和之性；调畅气血之流通，以顺气血和合之性。

辨证特点：四诊合参，辨识证候，审证求因，注重演变。对于复杂病机，逐一进行分析，归纳证候；对于单一疾病的证候分析思路常采用分层辨析、脏腑定位法。用方特点：临证主张圆机活法，调整治方，经方与时方相结合。善于化裁古方，调方时主张“勿好奇，勿执一”。治疗内伤，注重调和表里，以柴胡龙骨牡蛎汤合甘麦大枣汤加减，治疗湿热；注重分消上下，以三仁汤加减调畅三焦，调整脏腑。用药特点：熟练掌握药物特性，用药精专；年迈之人，气血多有郁滞，常配调气解郁之合欢皮、佛手以达“疏其血气，令其调达，而致和平”；老年病多是沉疴痼疾，久病入络，善用通络之品，如治疗老年震颤、腰痛、痴呆等疾病，配全蝎、蜈蚣、石楠藤等；用药动静结合，老年多虚，补益药如熟地、党参、龟板易导致壅滞，配伍川芎、枳实、陈皮、砂仁等健脾理气活血之品，动静结合，既防动药伤正气又防静药壅滞。

2. 治学经历

中医学的精微幽冥，需“博学而不穷，笃行而不倦”（出自《礼记·儒行》）。中医书籍浩如烟海，需精读经典医籍，如《内经》、

《温病条辨》等，遇有所得及时笔记，遇到疑难虚心求教。坚持理论与实践的结合，从细微入手，逐渐形成诊疗特色，取得卓著疗效。主张“行医先做人”，认为“无德以统才，实足以败，断无可成”。凡事考虑周详，事半功倍，不浪费时间和精力。尊崇“大医精诚”，技术精湛，品质高尚，博极医源，精勤不倦，确立普救含灵之苦的志向，不炫己毁人，巧取财物。

3. 师承关系

在重庆中医研究所跟随唐阳春学习治疗肾病、骨质增生等疾病；学习龚志贤善用宣痹通阳、活血化瘀的治疗法则，红参、三七、丹参等药物治疗冠心病；师从陈源生老中医学习经方应用；更是得到精通伤寒注重实用、重视天人相应整体观、精研药性的中医大家熊寥笙的言传身教。在西苑医院跟随赵锡武、郭士魁、陈可冀等前辈，搜集整理冠心病不稳定心绞痛、心律失常等方面的古籍文献和建国后数十年的文献研究，进行了大量的中医药诊治冠心病心绞痛及心律失常等疾病的科研工作，取得了丰厚的成果。

学术成就

多年来在国家各类医学杂志上发表学术文章 260 余篇，其中被美国（CD － ROM）数据库 MEDLINE（美国医学文摘）摘录收藏 6 篇。主编《中国传统老年医学文献精华》、《中国养生学精粹》、《中医老年病临床研究》、《实用中医老年病学》、《现代中医延缓衰老学》、《中国药膳辨证治疗学》、《实用中医临床手册》、《实用中医急症临床手册》等 10 余部医学专著，参加编著了《实用中医内科学》、《传统养生康复医学》、《慈禧光绪医方选议》等 20 余部医学专著。

创建清宫医案研究室，1982 年更名为老年医学研究所清宫医案研究室，1984 年创建老年病科，1997 年成为全国中医老年病医疗中心。1990 年 150 余万字的《清宫医案研究》课题，荣获国家古籍整理金奖。作为副主编完成的《清宫医案集成》获中国出版政府图书奖。先后主持国家级和部级课题等 10 余项，分别获得多项国家、部、局、院级科研成果奖，其中获国家科委奖 1 项，中国中西医结合学会科技进步一等奖 1 项，中国中医科学院 8 项。

传承脉络

唐阳春、龚志贤
陈源生、熊寥笙
赵锡武、郭士魁
陈可冀

→周文泉→

- 硕　士：方　醉、张方直、程薇薇、金　龙、王群力、金圣守、金仁根、全松哲（全日成）
- 博　士：赵湘吾、金荣律、于向东、金　龙、罗增刚、郭明冬、程　伟、郭仁真、韦　云
- 第四批学术经验继承人：张　晋（传承博士）、刘　方（传承博士）
- 第五批学术经验继承人：李　岩（临床硕士）、张兰凤（临床博士）
- 传承博士后：张　晋
- 博士后：何丽云 刘美霞

供稿人：张　晋

西苑医院

朱仁康

第一批全国老中医药专家学术经验继承工作指导老师

个人简介

朱仁康（1908 年～ 2000 年），字行健，男，汉族，江苏无锡人。主任医师，博士生导师，中共党员，享受国务院政府特殊津贴。中国中医研究院资深研究员，第六届全国政协委员。早年从其兄长学医，20 岁起悬壶苏州、上海等地二十余载。1952 年调入上海公费医疗第五门诊部工作，1956 年调入中医研究院工作。历任中医研究院附属医院（现中国中医科学院西苑医院）外科主任，中医研究院广安门医院外科主任，皮肤科主任。曾委派赴朝鲜为金日成首相诊治疾病，多次担任党和国家领导人的医疗保健任务。曾任北京中医药大学名誉教授，中华全国中医学会外科学会主任委员，中华医学会皮肤科学会委员，中国中西医结合研究会名誉理事等。

学术观点

1. 学术特色

朱仁康对疮疡、皮肤外科诸症，着眼于其内，尊崇“有诸内必形诸外”等学术观点。擅长治疗多发性疖肿、乳腺炎、脉管炎、湿疹、皮炎、银屑病、丹毒、带状疱疹、扁平疣等疾病。在中医外科领域里注意阴证变阳证、阳证变阴证，在临床中常采用消托兼施、攻补并进的方法。尤其在皮肤病研究上多有建树。他认真总结前人经验，创造性地把温病卫气营血辨证用于皮肤病的诊治，创制“皮炎汤”、“化湿汤”、“滋阴除湿汤”等经验方 50 余种，至今仍应用于临床，对多种皮肤病卓有疗效。

朱仁康认为皮肤病的发生是整体病变在体表局部的反映，治疗时必须从整体出发，全面认识皮肤病的病因病机，既要重视体内脏腑气血、皮肤表面病理的改变，更要注重气血变化及风湿热邪对皮肤病的影响。在六淫致病学说中，他主张将六淫分为内六淫、外六淫，尤以内因致病为主。认为皮肤病的特点，以风、湿、热三者致病居多。内风、内湿、内热系由脏腑气血功能失调所生，为致病的基础，为疾病之本；外风、外湿、外热属外感六淫邪气，为致病的条件，为疾病之标，内在风湿热的存在往往易招致外在风湿热的侵袭。

他认为辨病分为不同的证候，只有辨病辨证结合起来，治疗上纲目分明，才能提高疗效。他常引用明代李中梓之言：“病不辨则无以治，治不辨则无以痊”。如辨癣病，要辨其是“状如牛领之皮”的神经性皮炎，还是“状如苍松之皮”的白疕（银屑病），银屑病分为血热风燥证、血虚风燥证、血瘀生风证等；又如湿疹分为湿热并重证、脾虚湿蕴证、阴伤湿恋证等。

2. 治学经历

从事中医工作七十余年，精于疮疡、皮肤外科。早年深得江南外科名医章治康及兄长薪传。他师古而不泥古，在外科专著方面，尤其推崇宗师高锦庭的《疡科心得集》，同时重视内科的学习方法，为后来树立整体观，主张疮疡皮肤外科诸证应注重内在变化的观点打下了基础。

他曾在上海医学函授学校学习过西医，早在20世纪30年代就写成《中西医学汇综》一书，力主“中西医不可偏废”之说。20世纪40年代初主编《国医导报》，其《外科新论》分期连载，后又撰写《国医知识新篇》，作为沟通中西医之桥梁，在当时影响颇大。

他是首批选聘名中医，坚持在中医研究院西学中班授课，20世纪50年代即成为西医学习中医师承制导师；1978年成为中医研究院首届硕士研究生导师；1981年被国务院学位委员会确定为中医研究院首批博士生导师——中医外科学（皮肤）专业。

3. 师承关系

朱仁康在治学的同时不忘传道，为使中医事业后继有人，他将自己半个多世纪的丰富经验，毫无保留地传授给后学。20世纪五六十年代带教过邹铭西、李世忠、杨永元等西医学习中医医师，1978年起带教过李博鑑、李林、朱毅等硕士研究生，并带教外国留学生。经他培养的学生遍布国内外，很多已成为中医学术的带头人、著名专家及业务骨干，为弘扬中医事业作出了贡献。

学术成就

1. 论文论著

先后撰写并发表了《“金黄散”、“芩连解毒汤”治疗多发性疖肿、慢性毛囊炎108例疗效观察”》、《“克银方”治疗银屑病的临床研究进展——附236例疗效观察》、《外疡验案举隅》等学术论文数十篇。

他治学严谨，造诣精深，建树颇多。早年著有《中西医学汇综》、《实用外科中药治疗学》、《痔瘘中医疗法》等书，晚年完成了《朱仁康临床经验集》。主编《中医外科学》等著作。

2. 获奖情况

1958年获卫生部颁发的“医药卫生技术革命先锋” 奖章；《朱仁康临床经验集》1982年获中医研究院科技成果二等奖；“克银方治疗银屑病的研究”1983年获卫生部甲级成果奖；完成“名老中医智能模拟应用软件——朱仁康中医专家系统（湿疹皮炎部分）”的研究，获中医研究院科技成果三等奖；《中医外科学》1988年获中国中医研究院科技成果三等奖；荣获“阿尔伯特·爱因斯坦”世界科学奖状。

传承脉络

高锦庭（清代外科名医）→ 章治康（江南外科名医）→ 朱治吉（长兄）

章治康、朱治吉 → 朱仁康 →

- 西学中师承 → 邹铭西、李世忠、杨永元
- 研究生 → 李博鑑、李林、朱毅

供稿人：朱小燕

庄国康

第五批全国老中医药专家学术经验继承工作指导老师

个人简介

庄国康，男，1932 年 11 月出生，汉族，福建省福清人。主任医师，研究员，博士生导师，中共党员，享受国务院政府特殊津贴。中国中医科学院学术委员会委员，中国中医科学院广安门医院学科带头人。日本东京京顺天堂大学皮肤科客座副主任。1956 年毕业于北京医学院（现北京大学医学部）皮肤性病学专业，同年分配至广安门医院皮肤科工作。1959 年至 1961 年，参加了卫生部主办的第二届西医学习中医班。行医 55 年来，一直坚持皮肤科一线，长期担任皮肤科主任。现任中国中西医结合学会皮肤性病学专业委员会顾问组副主任委员，卫生部药品审评委员会委员，伦敦中医药中心医学顾问。

学术观点

1. 学术特色

庄国康总结出了一条有别于内科“望闻问切”四诊合参的诊断模式，即以皮损的不同表现、特点为主，以舌苔脉象为辅，来进行辨病辨证、分型论治——审疹论治。临床上如见皮损红赤肿痛，多属火热毒邪；渗液水疱明显，则为水湿泛泛；若皮疹时隐时现，或骤然泛发周身，则为夹有风邪；皮损固定、肥厚，色紫黯，为血瘀之征象等等。此外，临证中还应仔细辨别病人标本虚实，注意“审疹论治、以疹为主”，“舍舌从证、舍脉从证”等。

强调中医临证疗效之关键，在于其“理、法、方、药”的诊疗模式。认为这是历经几千年实践检验的中医最有效的诊疗模式之一，四者环环相扣，相互关联，密不可分，在临床过程中缺一不可。从患者无序复杂的症状描述中抓住主要问题、关键问题，准确进行辨病、辨证，进而确定对应的治疗原则、方法，选择合适的处方，再进行方药的化裁。

十分注重药物配伍的问题，十分关注各类中药的不良反应，努力开展基于现代药理学的中药毒理学研究。撰写并出版了《中药中毒与解救》一书。此外，由于外用药在皮肤科临床用药中占有举足轻重的地位，针对中医外用药，从配伍、剂型、疗效等进行了深入研究，撰写《疮疡外用本草》等书，指出了外用药物的毒副作用与适用范围。

在国内首次明确提出中医“血瘀理论”在皮肤科疾病的临床表现，并对临床上使用活血化瘀法治疗皮肤病的适应证提出了总结性观点（中华医学会学术组北京市卫生局医学情报室 ，1977 年 10 月），并撰写论文《活血化瘀法在皮肤科的应用》。

总结出对皮肤病行之有效的治疗思路。他提倡应用重镇搜风、活血润燥法则治疗结节性痒疹以及瘙痒性皮肤病；对口周部位皮肤病，主张应用益气健脾方法来进行治疗；对慢性泛发性湿疹有阴虚证候者运用滋阴除湿法；对运用化痰散结活血清热法治疗囊肿性痤疮，取得了很好效果。

2. 治学经历

1956年毕业于北京医学院，分配至广安门医院工作。1959年至1961年，参加了卫生部主办的第二届西医学习中医班，学业结束时，获得了由卫生部部长李德全亲自颁发的一等奖的殊荣。毕业后，返回广安门医院继续从事皮肤科临床工作。1985年受日本顺天堂大学的邀请，做皮肤病研究室访问学者。1989年至1998年先后10年间，前往英国进行中医皮肤学的研究与临床工作。

3. 师承关系

分配至广安门医院工作，先后师从著名中医皮肤科专家阎效然、朱仁康及中医外科专家段馥亭等老一辈中医学者，颇得真传。曾带教刘瓦利、赵威浦等多名研究生。目前带教在读博士研究生王宁及第五批全国名老中医传承博士张晓红、颜志芳。带教第五批全国名老中医传承博士张晓红、颜志芳。

学术成就

1. 论文论著

先后发表50多篇学术论文，并编写了《疮疡外用本草》、《中药中毒与解救》、《中医皮肤科临床便览》、《中医外科学》、《朱仁康临床经验集》、《中西医结合皮肤病临床实践》等多部著作，并合作编写了《皮肤病研究》、《中西医结合临床医学》、《建国40周年中医成就》等书。率先使用扫描电镜研究人体表皮的超微结构，先后在《中华皮肤科杂志》、《中医杂志》、《临床皮科杂志》、《国外医学·皮肤科分册》等医学期刊上发表了7篇有关扫描电镜的论文，收集并研究了数千张皮肤科疾病的电镜照片。

2. 获奖情况

1980年提出青蒿制剂治疗盘状红斑狼疮。其撰写的论文《青蒿制剂治疗盘状红斑狼疮临床及超微结构的研究》获中医研究院科技二等奖及北京市优秀论文奖。《“克银方”治疗银屑病临床及扫描的研究》荣获卫生部一等奖。

传承脉络

阎效然、朱仁康、段馥亭 → 庄国康 →
- 刘瓦利 → 吴小红、颜志芳、闫雨荷、翟瑞杰、王俊慧
- 赵威浦、张晓红、颜志芳、王　宁

供稿人：张晓红

庄曾渊

第四、五批全国老中医药专家学术经验继承工作指导老师

个人简介

庄曾渊，男，1939年5月出生，汉族，江苏常州人，博士生导师，中共党员，享受国务院政府特殊津贴。1995年5月至2003年6月曾任中国中医研究院眼科医院副院长。中国中西医结合学会眼科专业委员会名誉主任委员，《中国中医眼科杂志》主编，《中西医结合杂志》、《世界科学技术—中医药现代化杂志》编委。

学术观点

1. 学术特色

在中医眼科专著学习中，最为推崇《原机启微》、《审视瑶函》。在《原机启微的辨证和用药特色》一文中指出：“《原机启微》宗《内经》原旨，并吸收刘完素、张从正、李杲等宋金元诸家的学术成就，应用病因学说、脏腑经络理论，归纳眼科病证”，以此为桥梁，深入学习金元四大家理论，临床辨证用药，受刘完素、李东垣、朱丹溪的影响很大。

刘完素《病机论》在对运气学说和病机十九条的研究中扩大了火热病证的范围，特别重视火热病证的研究，又提出六气化火说，被后世称为“寒凉派”。眼科许多外眼病直接与六淫外感有关，内眼病亦和气火失调相联，故刘完素“火热论”观点在眼科得到广泛应用。如风热不制之病之羌活胜风汤、淫热反克之病所用芍药清肝散、黄连天花粉丸都是祛风清热治外障眼病的基本方。受“诸涩枯涸、干劲皴揭皆属于燥”的启发，对病理性近视眼底改变、漆裂纹和新生血管形成的病机归咎于津血不足，脉络失于濡养，应用养血滋肾、清火止血，对稳定病损有一定作用。刘完素提出“亢害承制论”，如“火极反兼水化制之”运用于临床。认为原田氏病视网膜浆液性脱离、白塞氏病视网膜水肿、渗出、黄斑水肿的机制均是邪热过盛，灼伤络脉引起视网膜屏障功能紊乱，出现水肿是火极似水的假象，应用清热解毒、利水泄热，而不用温阳利水。

认为李东垣“脾胃虚则九窍不通”对眼科影响最深。首先全面反映了李东垣注重元气，以脾胃为生化之源，强调保护脾胃运化和升降运动的学术思想。清阳不升，目昏不明。用补中益气汤、助阳活血汤常用于治上睑下垂、高风内障、陷翳、视疲劳确实有效。对老年人和长期应用苦寒清热和活血化瘀药处方中常加白术、枳壳和木香，注意保护胃气。应用藁本、防风、羌活等升发阳气，柴胡复生汤等用于外障眼病、翳生陷下有一定作用。

在临床上主张病证结合，他认为病证结合的实质是将西医以病理学为基础的疾病诊疗体系和中医以病机为核心的辨证论治体系结合起来。首次在中医眼科领域提出病证结合专病诊治思路（六步法）：西医诊断、中医辨证、病证鉴别、分证治疗、专病专药、中西医结合疗效评价。

2. 治学经历

1963年上海中医学院毕业后到中国中医研究院广安门医院眼科工作，拜唐亮臣为师，唐老病逝，后遂在韦文贵、唐由之、韦玉英、高培质、刘孝书等老师指导下学习眼科知识和技能。1994 年调中国中医研究院眼科医院。其间 1972 年 5 月至 1973 年 7 月在西藏阿里医疗队，1973 年 9 月至 1974 年 9 月在北京协和医院眼科进修。1981 年 6 月至 1983 年 6 月日本大阪大学医学部访问学者研修葡萄膜炎免疫病理学。

培养学生情况（含在读）：博士研究生 5 人，硕士研究生 9 人，博士后 1 人，学术经验继承人 4 人。

学术成就

认为自身免疫性眼病起因自稳能力不足，阳气亢盛或阴虚阳亢、阴阳失衡，所以内因性葡萄膜炎如前葡萄膜炎以抑阳滋阴、清热化瘀为主要治法。白塞氏病以肝经湿热为主要病机，分期论治，起到了减轻症状、减少复发的作用。而过敏性眼病如春季结膜炎则与卫气不足有关，外邪引动伏热，清解合剂（麻黄、生石膏、蝉衣、生甘草、黄芩、辛夷等）祛风清热利湿，取得了较好的临床疗效。

“十五”期间眼科医院成立了“证候研究室”，分析内外障眼病主症的病机，外障病以六气病机为主、内障病以气血津液病机为主形成辨证框架；构成以辨病因、病位、病性为主要内容的眼科辨证体系，代表性专著有《今日中医眼科》（第一版）（第二版）。

先后负责完成国家中医药管理局科研项目《著名中医陆南山诊治经验的临床实验研究》中的子课题《外眼一号散治疗角膜斑翳的研究》，国家自然科学基金会资助项目《血虚证视功能和视网膜血循环的研究》、《视网膜色素变性基因型和临床证候相关性研究》、《活血中药对视网膜脉络膜血流及平滑肌细胞舒缩影响的分子机制研究》。国家中医药管理局项目《中西医结合治疗视网膜色素变性》的研究工作。“补肾益气养血中药抗感光细胞凋亡及治疗视网膜色素变性的研究”获 2009 年中国中西医结合学会科学技术三等奖。1999 年获“北京市卫生系统先进个人”荣誉称号。2000 年被评为中央国家机关优秀共产党员。

传承脉络

唐亮臣→庄曾渊→
- 张　励
- 张　红
- 盛　倩
- 杨永升

供稿人：张　励

邹治文

第二批全国老中医药专家学术经验继承工作指导老师

个人简介

邹治文（1932 年 7 月～ 2011 年 10 月），女，汉族，福建省福州人。研究员，主任医师，硕士生导师，中共党员。1955 年毕业于福建医学院，毕业后分配到河北医学院保定医师进修学校，1973 年调入中国中医研究院广安门医院并创建了中医小儿科。曾任中国中医研究院研究员、小儿科主任，中华中医药学会儿科委员会名誉会长，中华中医药学会科学技术评审委员会评委，国家药品监督管理局药品评审专家，《中医儿科杂志》顾问，美国国际针灸医学院中医教授，美国国际针灸医师联合总会高级顾问。

学术观点

1. 学术特色

继承创新、辨病辨证、对药成方。注重“治未病”的学术观点，来源于《内经》、《金匮要略》以及多位名家的理论，而中医儿科圣手钱乙对她影响至深。钱氏“脾胃虚衰，四肢不举，诸邪遂生”的观点指出了脾胃失调是多种疾病的重要因素，尊崇钱乙的学术思想，结合自己的临床经验，以调节脾胃为手段达到治未病的目的。主要体现在对反复呼吸道感染、哮喘及小儿厌食症的治疗上，从消食和胃、健脾益气、运脾健胃、平肝清心等方面入手，阶梯式上升分段衔接治疗取得了良好的治疗效果。治未病的另一方面既病防变，防微杜渐。如小儿哮喘病的治疗中不仅要注意发作时的控制，更应重视小儿哮喘发作间歇期的预防。她研制的“健脾益气方”经实验证实可以提高吞噬细胞的功能，恢复头发超微结构，对超氧阴离子和羟自由基有良好的清除作用，同时具有 SOD 活性。以中医的理论阐述了上述病证的机理，并结合现代医学研究，揭示了调理脾胃实际就是调节了人体免疫功能。

突出“少年治肾”的学术观点。根据小儿的生理特性所谓的“肾常虚”是生长发育引起的相对不足，在患儿得病后多为阳热亢盛或阴液耗损之象。根据这生理和病理的特性提出了“少年治肾”的学术观点，提出了“从肾论治”、“从肝论治”的观点，研制了“滋肾益脑”、“滋肾平肝”系列方，治疗儿童多动症及抽动秽语综合征取得显著疗效。

家学渊源，衷中参西，擅长辨病与辨证相结合，既遵循祖国医学辨证论治的基本精神，又运用西医的检查手段来明确疾病的诊断，还能充分恰当地吸收现代医学病理和药理方面的科研成果，洋为中用，一药多功，从而提高了临床用药的针对性和整体性、科学性、客观性。对其组方影响最大的莫过于钱乙的《小儿药证直诀》，从她在方剂中对青黛的使用便可见一斑。为提高疗效她善用对药，加强药物的协同作用。如射干－山豆根治咽炎，莱菔子－瓜蒌治大便干燥等。她还提倡方剂规范化，有利于临床治疗的观察研究，为科研工作创造条件。观其组方，既有古意又有创新，形成了自己独特的治疗风格。

2. 治学经历

出身中医世家的邹治文教授从小耳濡目染，接受祖国传统医学的熏陶，身为中医而又开明的父亲做出了让她学习西医的决定。中学毕业后她如愿以偿地考上了福建医科大学，就读于医疗系，1955 年毕业分配到河北医学院保定医师进修学校儿科。日常工作辛苦繁重，但心里始终有着那份对中医的牵挂。她又走进学校系统地学习了中医理论，并先后多次在北京儿童医院进修西医及中医儿科，尤其 1971 年至 1973 年在跟随号称“小儿王”的著名中医儿科专家王鹏飞老先生学习的两年使她受益终生。1973 年主持创建了广安门医院儿科，在身为医学博士的丈夫文传教授的协助下，终于形成了自己的风格特色。

学术成就

主编了《儿童多动症、抽动秽语综合征》、《中医儿科常见病治疗进展》、《儿童多动症、抽动－秽语综合征防治300 问》、《虫类中药与效方》、《中医教您科学防治儿童多动症》，参编《儿童多动症临床治疗学》、《实用中医儿科学》、《肾病综合征》、《建国四十年中医药成就》、《2000年的中医药》等多部论著。先后在全国及国外各类杂志发表论文 26 篇，全国性会议编入论文集文章 27 篇，各类报刊发表文章 9 篇。多次为《健康报》、《人民日报》等撰写科普文章，在中央电视台国际频道、中国教育电视台等做讲座，中国国际广播台、中央人民广播台对外广播赞誉她为“孩子的守护神”。她还为我国中医药儿科事业的发展及促进中医儿科走出国门走向世界作出了突出贡献。

“强壮灵治疗小儿厌食症研究”1990 年获中国中医研究院科技进步奖二等奖，1991 年获国家中医药管理局科技进步奖三等奖，1999 年被评为世界华人重大科学技术成果奖。2009 年被中华中医药学会授予中华中医药学会儿科发展突出贡献奖。

传承脉络

王鹏飞 →邹治文→ 李君芳、李秀敏、王彩凤

供稿人：文　胜

图书在版编目(CIP)数据

国医华章/黄璐琦主编.—北京：中医古籍出版社，2013.1

ISBN 978-7-5152-0324-9

Ⅰ.①国… Ⅱ.①黄… Ⅲ.①中医师—生平事迹—中国—现代 Ⅳ.①K826.2

中国版本图书馆CIP数据核字(2013)第012545号

国医华章

——中国中医科学院第一至五批全国老中医药专家图集

黄璐琦 主编

责任编辑：郑 蓉 孙志波 张 磊

装帧及版式设计：陈 娟 张雅娣

出版发行：中医古籍出版社

社 址：北京东直门内南小街16号(100700)

经 销：全国各地新华书店

印 刷：廊坊市恒泰印务有限公司

开 本：787mm×1092mm 1/8

印 张：17.5

字 数：200千字

版 次：2013年1月第1版 2013年1月第1次印刷

印 数：0001～2000册

书 号：ISBN 978-7-5152-0324-9

定 价：168.00元